U0712416

共享数字新经济丛书

共享
数字新经济

刘文献 李利珍 ◎著

SHARING DIGITAL
NEW
ECONOMY

中国商务出版社
CHINA COMMERCE AND TRADE PRESS

图书在版编目（CIP）数据

　　共享数字新经济 / 刘文献，李利珍著 . ——北京：
中国商务出版社，2018.5
　　（共享数字新经济丛书）
　　ISBN 978-7-5103-2413-0

　　Ⅰ.①共… Ⅱ.①刘… ②李… Ⅲ.①信息经济
Ⅳ.① F49

　　中国版本图书馆 CIP 数据核字 (2018) 第 092889 号

共享数字新经济

SHARING DIGITAL NEW ECONOMY

刘文献　李利珍　著

出　　　版：中国商务出版社
地　　　址：北京市东城区安定门外大街东后巷 28 号　邮编：100710
责任部门：发展事业部（010-64261423　cctpress@163.com ）
策划编辑：杨　云　周水琴
责任编辑：丁海春
总 发 行：中国商务出版社发行部（010-64208388　64515150 ）
网　　　址：http://www.cctpress.com
邮　　　箱：cctp@cctpress.com
直销客服：010-64261423
传　　　真：010-64261423
排　　　版：丁丁图文
印　　　刷：北京时捷印刷有限公司
开　　　本：787 毫米 × 1092 毫米　　1/16
印　　　张：14.75　　彩插：16 面　　　　字　　　数：176 千字
版　　　次：2018 年 5 月第 1 版　　　　印　　　次：2018 年 5 月第 1 次印刷
书　　　号：ISBN 978-7-5103-2413-0
定　　　价：58.00 元

凡所购本版图书有印装质量问题，请与本社总编室联系。（电话：010-64212247）

版权所有　盗版必究（盗版侵权举报可发邮件到本社邮箱：cctp@cctpress.com ）

CONTENTS
目 录

推荐序一　共享驱动力..001

推荐序二　共享数字新时代..003

序　数字新经济共享之路..007

Chapter 1

权力的进化..001

第一节　从专有到分享..003

第二节　从拥有到瞬间拥有..008

第三节　"不拥有"的社会..012

Chapter 2

特许经营与价值共享..017

第一节　特许经营：共享品牌，共享收益..019

第二节　经营剥离的"权益"..025

第三节　冗余共享：收益权的最大化..029

第四节　分时租赁：收益权的碎片化..034

Chapter 3　共享面积的方式 037

第一节　众筹的小范围到无限扩大 039

第二节　金融众筹的共享梯队 045

第三节　共享的社群式跃进 057

Chapter 4　共享金融的核心价值 065

第一节　普惠是共享的起点 067

第二节　金融脱媒是方向 073

第三节　高效是共享金融的目标 078

Chapter 5　商务金融的交叉共享 083

第一节　商品的双重属性 085

第二节　消费品的价值共享 091

第三节　商品证券化趋势 099

Chapter 6　共享原力与征信系统 107

第一节　征信，金融 ID 的最重要背书 109

第二节　征信共享的三大基石 116

第三节　信用生活社会 123

目　录

Chapter 7 共享经济的未来方向 131

    第一节　区块链与共享社会 133

    第二节　有关人工智能 139

    第三节　价值观这个终极问题 145

Chapter 8 你好，数字文明 151

    第一节　数字革命 153

    第二节　区块链狂潮 159

    第三节　不确定即为可能 165

附　录 169

    "贵州消费扶贫三年行动"在贵阳启动 171

    人类对区块链的渴望原来自古就有 181

    杨东教授解读证监会《股权众筹试点管理办法》

        立法计划及具体建议 186

跋　遥望那片数字经济的新大陆 207

致　谢 213

共享驱动力

国家信息中心《中国共享经济发展年度报告（2018）》显示：2017年我国共享经济市场交易额约为49205亿元人民币，比2016年增长47.2%。

2017年，我国参与共享经济活动的人数超过7亿人，比2016年增加1亿人左右；参与提供服务者人数约为7000万人，比2016年增加1000万人。截至2017年年底，在全球224家独角兽企业中，中国企业有60家，其中具有典型共享经济属性的中国企业有31家，占中国独角兽企业总数的51.7%。2017年新进入该榜单的中国企业有17家。

共享经济作为一种追求普惠便利特性和资源高效利用的经济形态，近年来成为发展效能高，创新速度快的重要领域。在面对全球化竞争及市场需求双重驱动下，大数据、云计算、区块链、人工智能（AI）等新一代技术应用不断深化，引领共享经济创新发展，在优化产品服务、保障交易安全以及智能化辅助决策方面发挥了重要作用。在数字文明的技术创新和经济制度变革的推动之下，世界各国人民将更好地跨越彼此隔阂，深度构建起"人类命运共同体"。

本书一方面对"共享经济"的话题热点进行探讨；另一方面在特许

经营与共享经济关系上，提供了一种新的思考和思路，其中一些创新观点和一线实践很具有前瞻性和思想性。作者嘱我作序，我欣然应允，是为序。

李德水

第十一届全国政协经济委员会副主任、

中国国际经济交流中心学术委员会副主任

共享数字新时代

有些人，囿于自己的小环境；有些人，投身创新的大时代。文献院长属于后者。

我与文献院长相识于 2015 年的世界众筹大会。那时，我是大会演讲专家，他是大会的倡导者和组织者，我遇到了一个认识后就不会忘记的人。他是一个从福建大山中走出的少年，在中国 20 世纪 80 年代初中西思潮碰撞的中心——北京完成了他青春的蜕变，一种像苦行僧一样牺牲自我而将自己融合于时代的基因从此如影随形。伟大像一种情结，使他成为一个商人时，想着传道授业；成为学者时，又心系产业兴邦。人们所称的这位院长，不仅曾与北京师范大学和北京航空航天大学合作创立了两所学院并担任院长，而且他一直在实践中创新、在创新中升华，开拓和丰富了新兴学科和事业生态体系，走过了一个个创业创新城市，带出了一个又一个上市公司团队。他的创业创新历程，仿佛从未间断，从不疲倦，也从不怕失败，一直奔跑在坎坷崎岖的道路上。在这过程中，他舍弃了许多物质财富和发展机会，最看重的是认为对中国经济创新有别开生面重大价值的应用知识体系的建立和完善，并不断把他的创新思想和创业实践经验与社会共享，普惠他人。

　　站在远处看风景的人，会觉得文献院长像一个"新风口"的捕手，从特许经营、独立学院、私募基金，到交易所、众筹金融、大数据区块链金融、共享经济，风景不断变换；相携同路者则会知道，他三十年来不忘初心。看到这本书的目录，很多人就会明白，他从特许经营出发，致力于推动中国从产业大国向商业大国的跳跃，又从互联网众筹金融切入，以大数据金融为支撑，服务于实体经济，并力图构建起他的共享数字新经济理论，以服务和指引实践。这一次，他会带领团队，又去哪个城市引发共鸣，从而构建起他的共享数字新经济创新热土呢？

　　一直以来，文献院长身上被贴过很多标签：中国特许经营第一人，国际特许经营学科教育的开创者，中国第一支特许经营主题基金、第一个特许经营权交易所、第一个众筹金融交易所的创立者，经营权收益权众筹的创始和推广者，世界众筹大会、世界众筹金融小镇等众筹金融生态体系的架构师，等等。其中有一部分非常成功，而另一部分则步履维艰。情系这本书的主题"共享经济"，文献院长本人和特许经营、众筹、大数据、区块链金融创新潮流做了深沉的交融共享，交织着光荣和梦想，艰难和挫折。

　　看这本书，我们可知，特许经营作为一种富有独特魅力的商业形态，最原始的能量就来自于对"权益的分享"，用现在的语言我们可以概括为早已流行的"不持有"式生意，它通过对品牌、专利、知识产权等的共享，来实现资产的升值和市场的扩大。应当说，特许经营是世界上最成功的商业模式之一，而且它在世界上造就的商业产值曾远远超过现在人们所谈论的"共享经济"体量。当然，随着技术的不断进步，共享经济又毫无疑问会迎来依托大数据、区块链、人工智能等新生产方式的新供给时代，成为引领创新发展潮流的供给侧改革的组成部分。市场实践已经证明，特许经

共享数字新时代

营升级融入共享经济，能够进一步提升供给效率，为满足人民对美好生活的需要，提供更为优化、精准、集约的解决方案。

供给侧改革是我们面临的时代主旋律和构建现代化经济体系的主线。供给侧的五大要素是劳动力、土地与自然资源、资本、科技创新、制度与管理。在中国引领新常态、打造升级版的过程当中，特别要注重各要素组合而成的供给侧响应机制、动力体系的推陈出新。五大要素中的前三项，在一个经济体进入中等收入之前的发展过程中，比较容易表现出对经济增长的支撑力和贡献，但到中等收入阶段之后，这三项要素支撑力就出现衰退和滑坡。所以，我们现在要重点追求的就是在科技创新和管理制度方面的突破，力争占领第三次产业革命浪潮中新经济、新技术的若干制高点，走好创新型国家之路。

在中国经济社会转轨过程中，要想让科技创新的潜力充分释放出来，首先要解决一个符合科技创新客观需要的制度环境问题。应该在配套改革的有效制度供给支持下，大力鼓励那些始终走在科技创新前沿和管理制度创新前沿的人和事。这其中，就应该包括像文献院长这样在创新道路上艰苦备尝的实践。最近三年时间，他一半时间在北京，继续拓展特许经营权益交易创新，尤其是知识许可经济的证券化创新；另一半时间深耕贵阳金融创新，包括最新的众筹交易、大数据、区块链、共享经济以及精准扶贫。他强调展望未来，大数据、区块链为我们构建了一个数字化社会的创新发展基础，而特许经营和众筹则属于人类不断探索的经济组织方式和管理制度创新的组成部分。我们可以读此书而加深对文献院长心中的"共享数字新经济"的理解，进一步探讨他多年在不同领域思考和实践所提炼出的认识。

我们正在进入一个伟大的数字文明时代，我们也会见证"中国式数字创新国度的伟大"。走近这位怀揣创新理想者对时代的深思和对历程的反思，相信这本书会给读者以很好的思想启迪，帮助创业创新者尽早在共享数字新经济时代找到自己的位置，共创共享美好明天。

贾　康

华夏新供给经济学研究院首席经济学家

数字新经济共享之路

一、数字经济时代的共享使命

"一个时代有一个时代的问题，一代人有一代人的使命，虽然我们已走过万水千山，但仍需要不断跋山涉水"，这是习近平主席 2018 年 4 月 10 日在博鳌亚洲论坛上的讲话，他强调："中国人民敢闯敢试、敢为人先、积极性、主动性、创造性空前高涨，充分显示了 13 亿多人民作为国家主人和真正英雄推动历史前进的强大力量。"他庄严郑重地向世界承诺：中国将继续改革开放，将在世界正在经历新一轮大发展、大变革、大调整的进程中，抓住新一轮科技和产业革命给人类社会带来的新的机遇，同时积极迎接前所未有的挑战，推进各国人民互联互通、加快融合发展、坚持开放共赢、勇于变革创新、共享经验、共迎挑战、促进共同繁荣、共建共享人类命运共同体。

那么，什么是我们这个时代的问题，什么是我们这代人的责任？答案当然不止一个，但习主席最近在给"数字中国建设峰会"贺信中指出，加快数字中国建设，就是要适应我国发展新的历史方位，全面贯彻新发展理念，以信息化培育新动能，用新动能推动新发展，以新发展创造新辉煌，以"以信息化驱动现代化，加快建设数字中国"。

当今世界，信息技术创新日新月异，数字化、网络化、智能化深入发展，在推动经济社会发展、促进国家治理体系和治理能力现代化、满足人民日益增长的美好生活需要方面发挥着越来越重要的作用。可以说，我们已进入数字文明的共享时代。

二、仰望共享数字新世界的天空

数字新经济的新历史方位，数字新经济的新动能，会带来生产力和生产关系的一系列变革、矛盾和挑战，会带来传统经济和传统动能的不适应。稳妥而积极地完成新旧动能的转换，是一件集勇气、智慧、耐力和崇高的责任心于一体的改革难度系数较大的事。对于数字经济新动能带来的好处和伴生的混乱乃至衍生的问题，既不能完全放任不管、也不能闭上眼睛闭关自守，而是要摸清数字经济各组成要素的发展规律，调整与之匹配的生产关系，激发促进实体经济的生产力，逐渐建立起统一的数字经济和数字金融的科学监管与发展体系。

以区块链为底层技术构建的新数字经济世界，不同于以一般信息技术为底层技术构建的智慧经济世界。

贵阳市人民政府早在 2016 年年底，就发布了领先时代的《贵阳区块链发展和应用》白皮书，不仅披露了贵阳市委市政府对区块链发展的顶层设计，和作为国家首个大数据综合试验区，贵州应如何进一步抢抓机遇、先行先试，率先在区块链等前沿领域取得突破、闯出经验，从而更好地担负综合试验区的历史使命；同时，还深刻预言在区块链的支撑和推动下，互联网的发展将完成华丽的"三步曲"，即信息互联网、价值互联网和秩序互联网。

信息互联网让人看到了互联网对于便利人与人的沟通、减少信息不对称的价值；价值互联网让人看到了区块链对于物质和服务增值、数据资产增值、社会价值体系重构的潜力；秩序互联网让人看到了借由区块链等技术手段创新社会组织方式、治理体系、运行规则的前景。这一重大提升和演进过程是由区块链技术自身所具有的分布式数据存储、去中心化、不可篡改、可追溯、可信任等特性所决定的。

而像京东这样的电商结合自身的平台和产业特点认为：区块链拥有天然的分布式存储、不可篡改、共享维护等特征，这对于深度切入物流、供应链领域的京东，有着足够复杂的业务生态、业务规模和数据量，优势会非常明显。

京东经过几年时间的探索，认为区块链技术将会在三个方面引领数字经济发生巨大变革：

一是建立社会化共享数据库；二是提升交易效率，降低交易成本；三是推动供应链创新。

虽然每个城市、每个大企业甚至每个数字人都会陆续构建自己的以区块链为基础的数字世界，而且所谓的链圈和被流放海外的所谓币圈也各执一词，但是一个完整统一的以公有链、联盟链连接各个私链的价值互联网数学经济时代终将到来。数字新经济有着全新的生产关系、生产力所创新发展的规律，也需要与之相适应的发展政策和监管规则。而对于这个数字新经济的发展和监管，成为眼下最具考验我们这代人的数字经济创新问题之一。

现任雄安新区党工委书记、管委会主任的陈刚同志在贵阳工作时，曾和我们说过一句他的名言：人类的进步始于科技创新，成就于金融创新。后来王玉祥副市长、杨东教授和我在创作《大数据区块链金融——贵阳的思考与实践》一书时，补充了一句：完善于制度创新和组织创新。的确，科技进步推动生产力的发展，制度和组织方式的创新改善生产关系的进步，从而带来普惠金融并成就人类的幸福。

当代有许多的重大技术创新诞生，有许多制度和组织的革新形态探索实践，有许多金融类型或源于技术创新或源于组织创新，纷繁复杂，纵横交错，有的有本体意义；有的是有体系的；有的在这个国家受到肯定，有的在另一个国家受到了禁止；有的可能带来风险，有的则可能支持人类走得更远。

豪无疑问，当前的区块链、大数据、人工智能等支撑信息互联网升级至价值互联网的重大技术，让世界最为兴奋和焦虑；同时众筹、代币发行、通证经济等经济行为组织和制度的探索，则让世界陷入了认知和行动的分裂。这些都是创新路上的分歧，但却可能导致因为害怕创新带来的风险而关闭了创新通路，虽然也许在理论和应用上的对冲能帮助我们找到风险控制和创新收益的开关和路径，但也许我们可能就会在争夺领航数字新经济的重要关头错失领先优势，并进而"错失创新的十年"。

有很多学者在上述某些创新处于争论或低潮时提出了一些重要、真诚而客观的学术建议，令人尊敬，比如吴晓玲、陈刚、李德水、贾康、李礼辉、王红、胡石英、武鸿麟、王玉祥、霍学文、包御琨、何小锋、杨东、姚余栋、顾学明、姚枝仲、赵忠秀、杨涛、吴征、李开复、叶蓁蓁、曹彤、王永利、吴震、李建军、霍建国、黄震、朱明侠、赵大新、韦正光、齐新潮、常进勇、萧宵、韩复龄、何才庆、杨云等，他们或着眼于未来和现在的相互激荡，或着手于观念创新和实践探索的相互促进，或着眼于比较与美国、日本、新加坡等创新大国接纳和监管创新事物方式方法，或着眼于风险防范，实事求是，不走极端不投机，小心翼翼呵护创新的火苗，对学术创新和实践场景创新深慎容错评价，对于创新防范系统风险也非常重视，尤其是很多站在顶层设计上呼吁非常重要。比如，"特许经营应成为商业中国知识经济品牌强国战略""没有股权众筹就没有创新型国家""人类对区块链的渴望原来自古就有""区块链——信息革命的新拐点""构建大数据区块链现化金融体系""鼓励无币区块链、区块链用于实业发展""科技创新是在支持金融制度创新""数字金融制度的建设慢半拍是正常的，慢一拍两拍就会有影响。要立足于数字金融的可持续发展和防范系统性金融风险，要先易后难加强科技监管协调，达成监管共识，建立科技监管标准，采取科技监管的一致行动"等，尽管他们的观点未必完全一致，但他们对数字中国创新的真诚思考和负责任的创新勇气，共享给了我们很大的激励和勇气，他们是数字经济创新路上的良师益友，也是共同的探路者。

习主席说要加快数字中国建设，就是要适应我国发展新的历史方位，全面贯彻新发展理念，以信息化培育新动能，用新动能推动新发展，以新发展创造新辉煌。

在这新旧动能转换之际、新旧历史方位寻找、判断和适应之际，出现一些技术上或是管理制度上的争论是非常正常和必要的，出现一些管理上的混乱和滞后也可以理解，中国的情况复杂，创新，尤其是金融创新还要守着不发生系统性风险的底线。

但是今天面对的改革开放的挑战过去也遇到过，习主席在博鳌亚洲论坛表达中国永远不会闭关自守、改革开放的大门只会开得越来越大时说："中国40年改革开放给人们提供了许多弥足珍贵的启示，其中最重要的一条就是，一个国家、一个民族要振兴，就必须在历史前进的逻辑中前进、在时代发展的潮流中发展。"

今天的时代潮流和前进逻辑毫无疑问就是数字经济的潮流与逻辑，在发展数字经济中解决新旧动能转换问题，在创新数字经济中强化风险防范问题，在数字经济的历史新方位中让国人共享新发展和新辉煌。

黑格尔曾说："一个民族有一群仰望星空的人，他们才有希望。"我们希望有更多的学者、企业家、创新创业者一起来仰望、探索、建设和共享数字世界的新星空。

三、我们的共享数字新世界蓝图

赫拉克利特曾说："人不能同一时间进入两条河流。"的确，我在近四十年的创业创新生涯中，是在不同时期先后进入特许经营和众筹这两条商业组织创新和商业制度创新大河，后来又进入了区块链和大数据这两条技术创新和产业创新的大河。

但是在今天，我努力尝试把上述这些技术创新和组织创新重新调整位置和角色，变成一条大河上的不同组成部分，我做了这样的架构和要素的系统重新设计，从杂乱丰富前后矛盾的并发世界里发现了一个清晰逻辑的数字新世界，我对这个数字新世界描绘的蓝图是这样的：区块链是价值互联网时代的大运河河床，大数据是河水，众筹了一条条船，在人工智能和云计算的导航下，满载实体经济的货物，驶向一个个特许经营的港口进行价值贸易。这是共享数字新经济的一幅蓝图。

这幅深深带有我思考和探索痕迹的共享数字新经济的蓝图的发现，对于我而言尤其重要。因为这帮助我重拾起四十年理论创新和创业事业的碎片，拂去岁月的尘埃、失落和疲惫，摆放正确的卡位，露出整装待发的能量和笑容，串联出一串紧凑有力的珍珠，并准备把它献给我们的祖国和时代。

我想，每一个和我一样与中国四十年改革开放同步的"漂流者"，都可能也会有串起自己的那串美好珍珠的时候。这对于在各种技术创新和各种制度创新中漂流的老创客来说，不啻为一种修行的圆满。

习主席说：变革创新是推动人类社会向前发展的根本动力。谁排斥变革，谁拒绝创新，谁就会落后于时代，谁就会被历史淘汰。

但是创新路上很难走，因为创新意味着失败甚至犯错的机会大，意味着可能放弃已有的成功。正因为如此，我要感谢那些一直在默默支持或在重要关头支持我容错创新的领导、同事、朋友和家人。没有他们的远见和信任，我怎么可能合作创办两所大学和两个交易所？怎么可能在 2003 年和北京师范大学合作创办全球第一所特许经营本科学院？怎么可能召开世界特许经营学术峰会？怎么可能在北京市政府金融局和石景山政府的支持下创办北京特许经营权交易所？又怎么可能在 2015 年在贵州省贵阳市的支持下召开世界众筹大会、创办贵阳众筹金融交易所和区块链金融协会呢？

谢谢一路追随我的不离不弃的团队，我们 2000 年从北京特许经营总部出发，经过 3 年大连时尚产业上市公司创新实践，到达珠海 4 年特许经营学院教育创新，再到北海大学经济园区的特区创新，再到广州中国特许经营城一年总部经济创新，再回到北京大学 4 年 PE 基金协会并发起 FDS 投资基金创新，再到石景山创立北京特许经营权交易所和领筹金融集团，再到发起中国电子商务协会互联网金融专委会和中国众筹大会，再到 2015 年贵阳的世界众筹大会、众筹金融交易所、大数据金融学院、世界众筹小镇、区块链金融协会和区块链金融大会，再到与贵州省供销社、贵州省国内国际公关协会合作及贵人大数据的贵州消费扶贫三年亿元行动，再到筹建中的众链数字资产管理集团和贵人数字共享（海南）小镇，以及期待将召开的 2018 世界数字经济大会、WOGC 全球数字金融生态平台（集团）体系。

一路走来，团队甘苦与共，甘苦自知，无论成功耀眼光照世界时，还是失败了收拾行装默默离开战场时，或是成果被窃取被掠夺或行动被误解时，我们都没有彻底灰心绝望，因为我们能生逢在这个伟大的创新时代，能够有这么复杂、这么综合的创新战场，能够跟随伟大的中国创新大军一起前进，能够看清楚共享数字新经济的蓝图并去努力创新实践建设这一新天地，已经是三生有幸了。

我们在创新路上的收获和委屈，是创新路上正常的激励和学费，筚路蓝缕，终将春风化雨。正如上一轮互联网（相对于区块链所代表的价值互联网，信息互联网被有些人称为古典互联网）的领袖马先生历尽千辛万苦登顶后所感言：苦难是伟大事业的试金石，完美的困难历程是成功最大的奖励，在新旧经济形态的交替之际，要冲破旧有的某些落后生产关系束缚，解放新数字技术和新共享制度（特许经营和众筹）的生产力，就必定会经历"艰难困苦玉汝于成"的磨练，才能迎来"长风破浪会有时，直挂云帆济沧海"的佳境。

习主席说："积土而为山，积水而为海。"幸福和美好未来不会自己出现，成功属于勇毅而笃行的人。

我想每一个现代人也是如此，不创新就会落伍，不能在数字新经济大潮中冲浪的人，也不能更好地构建共享数字新经济时代的命运共同体。

"飞来峰上千寻塔，闻说鸡鸣见日升。不畏浮云遮望眼，只缘身在最高层。"有人问我们目光所聚的下一个创新之城是哪里，我们还没有确定，但我们愿意努力登上数字经济的最高境界处，和全球的数字金融高人们一起思考和探索那个能代表共享数字新经济风暴眼的地方。无论它在眼前还是在远方，是在现实世界还是在虚拟的数字世界，我们都期待和你共享共建数字新经济的新征程。脑海中的共享数字新经济的蓝图已初步成型、眼前的数字世界一带一路的号角已隐隐听见，愿你我再一次同行，不忘初心，跋山涉水，共享征程，终成宏愿。

刘文献

区块链金融协会会长、北京特许经营权交易所董事长、

贵阳众筹金融交易所董事长

权力的进化

我们看到，社会权力的进化方向并非更强，而是更弱。而权力的整体弱化，反而是个体权力的整体强化。这反映在经济生态当中，则体现为从整体到碎片的经营，从拥有到瞬间拥有的变化。

最终，我们的社会可能强大成为一种"不持有"的常态。

第一节　从专有到分享

数字经济社会的经济权力正在从大企业垄断强权的中心化专有时代，变为中小企业主甚至网民个人多中心分享的分散化弱权力时代。

而以区块链技术为代表的价值互联网时代的来临，又将这种权力的弱化进行了更彻底的产业解构和社会解构，从经济到舆论乃至于个人，都在从"专有"形态向"分享"形态转化。

新零售，经济强权的弱化

近年来，愈演愈烈的"新零售"，确切说也是一种经济强权弱化的现代表现形式。

新零售最重要的特点，除了O2O移动互联之外，它追求的是从传统大众性、规模化、标准化生产方式向个性的、小众化、定制化转变，是经济"注意力"由产业终端到消费终端的转移，是由从卖产品到卖产品的服务及附加价值的改变。

换而言之，消费终端的权力意志在沿着产业链向上游渗透，个人终将分享乃至转化生产终端的权力。

新零售只是一个开始。2017年开始抢先扩张的阿里系新零售代表盒马鲜生，就有报道分析，是依靠阿里巴巴强大的数据分析进行选址。具体则是依据支付宝用户流量，选择支付密度高且优质的消费市场区域进行开店。而盒马鲜生店内只提供支付宝结算，这又进一步加强了客户端消费习惯的精准数据采集。这就意味着，盒马鲜生将时时依据后台抓取的消费大数据进行精准分析，根据消费习惯和消费诉求，快速反馈到店内商品售卖和服务上。对于传统依赖会员卡的超级市场来说，这无异于一种极具摧毁性的武器。

盒马鲜生提供的公开数据显示，2016 年开业的首家盒马鲜生门店上海金桥店已实现单店盈利。

截至 2017 年 11 月，盒马鲜生已有 20 家门店，实现用户月购买次数达到 4.5 次，坪效是传统超市的 3~5 倍。虽然，消费者的数据和消费喜好是由商家主动抓取的，但消费者的权力仰赖于支付大数据已经实现在供需关系中的权重跳跃，而提供这种服务的企业，在领先整个市场的同时必将获得丰厚的回报。

舆论强权的消亡和自媒体的崛起

对于舆论强权的解构，近年来国人的体验应该是十分强烈的。过去，舆论权力被牢牢控制在报纸、杂志、广播电视等传统媒体机构中，互联网BBS 时代出现后，带来了一轮小小的解放，到现在的"自媒体"大军崛起，舆论强权已经"支离破碎"，这种过于分散的影响力，使得广告主都不知道在哪里投放广告才能捕捉到最多的客户。

2006 年年底，美国《时代》周刊年度人物评选封面上没有摆放任何名人的照片，而是出现了一个大大的"You"和一台 PC。《时代》周刊对此解释说，社会正从机构向个人过渡，个人正在成为"新数字时代民主社会"

的公民。自媒体的英文——We Media，就是对自媒体的最好解释。人人皆可发声；人人发声，皆可传播；人人传播，皆可产生影响。媒体作为一个产业，其头部的生态和结构已经发生了根本的变化。

今日头条发布的《2016 移动资讯行业细分报告》显示，仅在 2016 年，自媒体数量就从 2015 年 12 月的 4.5 万个猛增到 2016 年 11 月的 39 万个。以今日头条为例，截至 2017 年 12 月底，今日头条全平台日均阅读量增长 220%，超 27 亿次，日活跃用户增长 105%，达 7800 万活跃用户，增长极度惊人。

然而，这还不算什么，伴随大数据的深层应用，自媒体平台和运营者们，正在按需生产内容，按需进行内容分配。如此霸道的进化，使得个人"口味"决定了信息"供给"，舆论的强权已经不复存在。人们不再对电视新闻喜闻乐见，而是更愿意为自己的信息需求买单。蜻蜓 FM 和高晓松合作的音频节目《矮大紧指北》，上线一个月就创造了 10 万的订阅量，总收入超过 2000 万元人民币。

即使个人，也在碎片化

很遗憾，个人，虽然在这个自我意识高度觉醒的时代，从政治、经济到社会生活各方面，都被进行了"充分照顾"，虽然每个人的权力都在增加，但每个人对自己的"占有"程度却在不断降低。尤其进入"屏生活时代"，专注做一件事情的生态似乎不复存在，一个人的注意力在多个屏幕之间转换，手机、PC、Pad，它们都提供各种即时的、便利的、讨喜的"注意力消耗方式"，夜晚躺在床上，睡前刷手机且一刷两小时俨然成为一种泛众生活。

人本身也在不可避免地对自己"失控"。各种屏幕和应用的绑架，让人既感到无聊和讨厌，又无法戒除。用无聊去打发无聊，到底是无聊消失了，还是无聊加倍了？

仍旧是今日头条，这家拥有日均 1.2 亿活跃用户①，用户平均使用 76 分钟的巨型资讯分发平台，在其发布的《2016 移动资讯行业细分报告》中，明确数据显示，娱乐兴趣用户占到全平台总量的 68.29%，报告分析："娱乐类中长资讯最有价值，短资讯价值提升较大。"具体"娱乐类资讯以明星动向、八卦资讯为主，因受众广泛，资讯平均阅读量情况较好。"而整个 2016 年排在此类资讯榜首的大热点前三分别是：第一，《欢乐颂》热映；第二，王宝强离婚；第三，乔任梁去世。

所以，答案很可能是无聊加倍了。况且，这些吞噬注意力的巨兽俯拾皆是。

从 2015 年 11 月开始公测的《王者荣耀》，至今用户已超过两亿人，也就是说，每 7 个中国人里就有一个人在玩《王者荣耀》。这是一门巨大的注意力变现生意，消费者或主动或被动地将自己分享出去，为别人赢得巨大利润。

腾讯公司的财报数据显示，2017 年第二季度，腾讯公司总收入为566.06 亿元人民币，比 2016 年同期增长 59%；经营盈利为 225.60 亿元人民币，比 2016 年同期增长 57%。

《王者荣耀》等手游表现突出，首次超过 PC 端游戏收入，为腾讯公司贡献了大约 148 亿元人民币的收入。庞大的用户数带来了惊人的营收数据，仅仅是《王者荣耀》中一款英雄人物的皮肤，就能让腾讯一天收入 1.5 亿元人民币。

---

① 《2016 移动资讯行业细分报告》中今日头条披露的用户数量还是7800万人。截至2017年11月，今日头条完成新一轮融资，其用户数据已经飙升至1.2亿人。

而《王者荣耀》的成功，其最重要的一点被归结为：这是一款针对
碎片化时间而定制的游戏，玩一局的时间仅为 15 分钟。只不过，这看似
短小精悍的 15 分钟，常常要占用手游爱好者们 1 小时乃至数小时的时间。
我们，连我们自己都不专有了，还能专有什么呢？

第二节　从拥有到瞬间拥有

伴随权力在各个层面的弱化，社会经济结构中的各种生态体现也在近年出现了从"拥有"到"瞬间拥有"的转变。

纵向控制的弱化

在经济结构中，传统经济所体现出来的对消费或服务"一包到底"的状态正在解体。

以医疗行业为例，医院承担着检查、问诊、住院医疗、药品购买等一体化功能，病人进入医院，可以从头至尾解决全部的问题，医院拥有医疗购买者几乎全部的购买服务。

当然与此同时，医疗机构提供的服务长期以来遭受诟病。根据"2016年上海市公立医疗机构服务质量患者满意度调查"的数据显示，上海三级医院过半数患者候诊超 2 小时，而平均的诊疗时间只有 7 分钟。对于消费者来说，投入和产出极度不对等，购买付出的成本和购买到的服务相去甚远，消费者整体对医疗机构的"极度不满意"，也就成为一种社会普遍存在。曾有一位医疗工作者在自媒体的行业调查中中肯留言：请相信，我们真的很想把你们的病治好，所以，请不要殴打医生。

矛盾产生需求，剧烈的矛盾就会产生剧烈的需求。移动医疗服务近年来出现并疯抢市场，它在解决医患供需矛盾的同时，也解构了传统医疗机构"一包到底"的服务模式，病人不再全部被医院一手包办，他们从多种服务端口寻找问诊、检查、康复治疗、药物购买等服务（见表1-1）。消费从原来的单一端口，向越来越多的分散端口流动。

表 1-1　　　　　　　移动与医疗服务机构一览表

类别	移动与医疗服务机构
挂号问诊服务类	春雨医生、好大夫在线、平安好医生、问医生、健康之路、快速问医、就医160、易诊、趣医院
慢性病辅助类	抗癌卫士、糖医生
知识搜索类	丁香医生、DrugA-Z、用药助手、医学时间、口袋医、医学文献
药品电商	阿里健康、1号药店、掌上药店、康爱多、去买药、叮当快药、药品通、金象网

资料来源：根据公开数据整理

相信这只是移动医疗的初级阶段，伴随人工智能和万物互联技术的完善和发展，医疗检查这一项目将会独立出来并交给各种可穿戴智能终端来解决。届时，医生问诊只要即时读取这些终端数据即可。而终端数据的采集，只需消费者自行购买一个类似当下的"运动手环"即可完成。于是，购买者和出售者都不再像从前那样紧密地拥有，而是一种即时需要即时拥有，传统产业一包到底的服务机构，被各种新兴服务方式"众包"。产业传统的纵向控制，逐渐解体了。

即插即用的崛起

在这种情况之下，即插即用作为一种很好的商业逻辑而被传颂。

张小龙在分享微信及小程序"用完就走"的产品理念时，说："一个好的软件、一个好的工具应该让用户用完即走的……我们希望用户在用微信的时候，最高效率把必须要做的在微信里面做完，把时间留出来去做很多别的事情。在座的各位，基于微信来做一些项目的时候不妨也多从这个角度思考一下，你做的事情是在帮助用户节约他的时间，提高他的效率，还是说只是想让他在这里不断地消磨时间……我们要考虑的则是怎么样更高效率地帮助用户完成任务，而不是让用户在微信里有永远处理不完的事情。"

新技术和应用的不断迭代，促使社会机构服务方式及平台不断迁移，从互联网最开始的官方网站到移动端APP及微信公众号，再到小程序的演化，都在满足使用端方便使用、随用随走的诉求。使用的方式和服务提供的方式都在越来越"轻"，需要的时候出现服务，不需要的时候不占资源，仿佛就是"招之即来，挥之即去"的现代应用场景。

这种商业逻辑，最明显莫过于个人移动终端APP时代，即APP时代的衰微。APP盛行之时，几乎每个公司都想拥有自己的一款移动应用，但当大部分公司大费周章付出昂贵成本做出他们的APP后，才发现APP的问题不是使用和体验，而是如何让消费者将你的APP装到他的手机当中。最终，众多APP在高昂推广成本和低频使用现实面前败下阵来，即使那些相对高频的APP，也希望自己拥有更"轻"的存在方式，于是在移动终端为数不多的必装软件，就成了可以盛装其他产品"小程序"的"大程序"。比如，大众点评在微信里获得了一个端口，饿了么在支付宝中获得了席位，流量巨兽们集成了第三方应用，使得用户在叫外卖时无须下载其APP。

"需要你的服务，却不想被占有内存"的诉求，不仅仅体现于手机终端上，也体现在社会生活的方方面面。

瞬间拥有的"权宜之选"

从拥有到瞬间拥有的转变，时常也是成本考量之后的"权宜之选"。当然，这种成本除了直接的财富成本之外，还有时间成本。

事实上出租行业就是建立在这样的商业逻辑之上的。拥有的成本过于高昂，但却有使用的诉求，所以我们要租车、租房、租各种东西。

租用经济的高潮，仰赖于两种互相对立的存在：正面是物质和服务严重匮乏；反面则是物质和服务严重过剩。这两种情况都会导致人们对租用需求的上升。区别是：对于前者，人们更希望降低自己的财务成本；对于后者，人们则更希望降低自己的时间（耗费精力）成本。例如共享单车，人们并非买不起单车，而是不愿意拥有一件需要耗费精力去打理同时又时常承受被偷盗风险的资产，但同时人们在短途出行和交通接驳的场景下，又确实需要这样一个功能，共享单车因此应运而生，其本质上做的是"分时租赁"的生意。

第三节 "不拥有"的社会

瞬间拥有的未来会是不拥有吗？"不拥有"的社会，不就是社会发展的高级阶段吗？这样的社会，会伴随人们"拥有"欲的弱化及消亡而到来吗？

占有，是所有生命生存的本能。不拥有，也就是不占有，似乎违背了这种本能。当使用而不占有在现代社会作为一种强大的商业逻辑成为某种主流时，这种逻辑的来路和去路又当如何呢？这件事对于中国人来说，并不那么陌生。

"不拥有"的社会 1.0

不拥有的社会是好还是坏？

时间倒退到 20 世纪，1958 年 7 月初在原 21 个农业社的基础上，又并入 6 个社，共 27 个农业社、9360 户参加的"嵖岈山公社"在河南诞生了，这是全国第一个人民公社。7 月中旬，时任省委书记处书记的史向生和《红旗》杂志常务编辑李友久、信阳地委书记路宪文专程赶到，和地委工作组一起，召开社队干部座谈会，并到各队调查，在总结群众已有经验的基础上，帮助公社研究了一些规章制度，初步制定了《嵖岈山卫星人民公社试

权力的进化

行章程(草稿)》①。

这个"试行章程"规定：各农业社的一切生产资料和公共财产转为公社所有，由公社统一核算，统一分配；社员分配实行工资制和口粮供给制相结合；总结了青年队集体吃食堂的好处，推广了公共食堂；同时成立了托儿所、幼儿园、敬老院、缝纫组；公社设立了农业、林业、畜牧、工交、粮食、供销、卫生、武装保卫等若干部或委员会，下设生产大队和生产队，实行统一领导，分级管理和组织军事化、生产战斗化、生活集体化。

人民公社从1958年创建，到1984年年底退出历史舞台，在中国持续了二十多年，它不分地域、不分条件地把城市以外的几乎所有地区、行业和人等都纳入了5.4万个公社、71.8万个大队和600.4万个生产队的行政组织之中。

作为公社时期代表的"人民公社大食堂"，在1958年年底，全国共办340万个，在食堂吃饭的人口占全国总人口的90%。当时有媒体专门针对如何办好公共食堂发表文章，提出饭菜要多样化，粗细搭配，有干有稀，菜要多种，有菜有汤，尽量免费供应酱油、醋、葱、蒜、辣椒等调味品。要注意改善伙食，争取每月吃两三次肉，每逢节日会餐。食堂要讲究卫生，要有自己的蔬菜基地，对年老社员、儿童、病员、孕产妇应在饮食上适当照顾，要利用旧有房屋改建饭厅或尽可能地新建简易饭厅②。

"吃饭不要钱，老少尽开颜；劳动更积极，幸福万万年。"这是当时人们对于公共食堂的美好愿景规划，也是人民公社的典型体现。但人人共享的人民公社并没有给人民带来好的生活，公共食堂在持续两三年后便成为

---

① 辛逸：《论人民公社的历史地位》，《当代中国史研究》2001年第3期。
② 百度百科。

一个失败的试验。人民公社本身，尽管持续了二十多年，但却让中国底层经济建设处于停滞乃至后退状态。

著名美籍汉学家黄宗智在对长江三角洲和华北农村进行实地考察后认为，人民公社时期的农业经济，"绝对产量上升了，政府的税收和征购也上升了，而农业劳动生产率和农民收入是停滞的。"他把这种农产量增加而劳动生产率停滞甚至还略有下降的经济扩张，定义为"没有发展的增长"。以粮食为例，这期间虽然单位面积产量增加了48%，但单位用工产出反而下降了5%[①]。

从 20 世纪 80 年代的改革到今天中国经济成为世界第二大经济体，已经证明人民公社这种共享形态并不利于经济的发展。

自助餐心态

共享型的人民公社，与自助餐有异曲同工之妙。

自助餐，是一种非常好的餐饮模式，但并不是每个人进去都能有好的体验和结果。

自助餐英文"Buffet"，可以直译为"包肥"，这两个字十分贴切地反映出很多人吃自助餐的状态。在问卷星做的"关于自助餐消费心理的调查"的数据显示（见表 1-2），去吃自助餐前，有 52.6% 的人会选择饿肚子。对于自助餐头号喜好的菜品，更是按照市场价值依次排列，海鲜类一马当先，其次为烧烤，最末则是粥粉面饭炒菜类中餐。

人们通常抱着"吃回本"的心态去吃自助餐，故此首选最贵的海鲜，即使自己的身体和口味都不适合这个品类的饮食。在这样的心态指挥之

---

① 辛逸：《论人民公社的历史地位》，《当代中国史研究》2001 年第 3 期。

下，人人吃得肚满肠肥为止，甚至网上还流传着"科学吃垮自助餐厅"的
各种攻略。

表 1-2　　　　　　　　关于自助餐消费心理的调查

选项	小计	比例
A. 海鲜	86	55.84%
B. 烧烤	69	44.81%
C. 蛋糕甜品	66	42.86%
D. 饮料、汤类	31	20.13%
E. 水果	45	29.22%
F. 寿司	61	39.61%
G. 粥粉面饭炒菜等各类中餐	15	9.74%
H. 西餐	53	34.42%
本题有效填写人次	154	

资料来源：问卷星

这种不肯吃亏，总觉得全世界对其亏欠进而想占便宜的自助餐心态，
实际上体现了民众的"穷人心理"。穷的并非物质，而是精神上的。

共享单车屡遭破坏的行为，也是由这种"自助餐心态"所导致的。作
为共享单车的一支小分队，卡拉单车在 2017 年 1 月 25 日和 2 月 6 日，分
别在莆田市投放 500 辆和 167 辆单车。此后公司在某天召集了 5 个人在莆
田市区彻夜寻找 6 小时，最终只找回了 157 辆，丢失率为 76.5%。这种情
况，就是共享单车的真实生态。

另一个例子来自于互联网金融。虎嗅发表过一篇关于 P2P 原罪的文章，
段落大意是：资产荒时代，个人是最后可以加杠杆的优质资产，因此所有
平台都想方设法把"高利贷"借给个人，哪怕是不具备偿还能力的大学生
群体，这是一门薅羊毛的绝好生意。在评论区，则有读者做了经典回复，
段落大意是：所有 P2P 平台，除了支付宝花呗的信用有实际作用外，其他

平台即使违约也并不会给信用造成实质性伤害，因此从 P2P 平台借钱可以不还，这是另一端的薅羊毛方式。留言者称，其友人已经在数十个平台借钱，总额达 10 万元人民币。对于个体来说，假如这钱最终真变成了平台的坏账，那这反向薅羊毛策略确实很成功。而在实际上，P2P 平台对这些薅羊毛的少数人，的确没有更多的催债手段，毕竟伪造通信录之类是很简单方便的事情。获取本不属于自己的东西，并将之视为聪明和成功，这是一种病。

"不拥有"的社会 2.0

1.0 版本已经完全淘汰，我们所处的时代被定义为"初级阶段"，大约相当于 1.2 版本，但伴随着权力全阶层全场景的解构，共享将会取代私享，现代人视为财富的私有资产，对未来的人类来说，反而会成为极想甩掉的负担吗？时代的发展、社会的前进，也许会产生你之蜜糖，他之砒霜的对立感。

恩格斯在《共产主义原理》中，将共产主义根本特征描述为：一是物质财富极大丰富，消费资料按需分配；二是社会关系高度和谐，人们精神境界极大提高；三是每个人自由而全面地发展，人类实现从必然王国向自由王国的飞跃。这就是"不拥有"社会的 2.0 版本，这一版本能否到来，并不取决于人们对其信仰多寡，而更多取决于物质文明的建设和在其之上的精神文明。共享经济在今天的繁荣昌盛，其背后的权力全阶层全场景弱化，或许可以看作是这个时代的开始，并因此在未来被隆重标记。

Chapter 2

特许经营与价值共享

如果说"不持有"是一种生活方式，那么经营"不持有"就是一种商业模式。而且，"不持有"这种模式早已有之。在"共享经济"这个词没成"网红"之前，它就有了一个前辈，叫"特许经营"。

第一节　特许经营：共享品牌，共享收益

特许经营的定义有很多种，在国际上广泛通用的是国际特许经营协会（International Franchise Association，IFA）的定义：特许经营是特许人和受许人之间的契约关系，对受许人经营中的如下领域，经营诀窍和培训，特许人有义务提供或保持持续的兴趣；受许人经营是在由特许人所有和控制下的一个共同标记、经营模式和过程之下进行的，并且受许人从自己的资源中对其业务进行投资。

上面是"国标"的定义。大部分人对特许经营的认识，是从肯德基和麦当劳的品牌加盟模式开始的。它们通过品牌共享、收益共享的方式，在全球各个经济体中成功塑造无以计数的商业品牌。

特许经营是门大生意

特许经营在全球都是一门大生意，而且非常大。比如美国，这个缔造了特许经营的国家。也是世界上特许经营发展得最好的国家，特许经营产业占美国 GDP 的比重高达 2.5%，2016 年其特许行业的增幅达 5.6%，远超美国经济增幅 1% 的水准。

特许经营不仅让美国赚取了全世界的财富，在很大程度上也将美国文

化输出到了全世界。全球的共享经济和文化趋同，大概都是从麦当劳或者肯德基的汉堡开始的。

位居美国前五的特许经营品牌——麦当劳，中国人对它并不陌生，因为它在中国遍地皆是。其中需要说明的是，7-11这个日本品牌原属美国南方公司，是由美国人创建的，后由日本人发扬光大，目前是全世界拥有店面最多的特许品牌。

	Company	Industry	Sales	U.S. Locations	Total Locations
1	McDonald's Oak Brook, IL	Restaurant	$87.78 B	14,344	36,258
2	7-Eleven Dallas, TX	Retail	$84.50 B	7,836	55,801
3	KFC Louisville, KY	Restaurant	$23.40 B	4,391	19,420
4	Subway Milford, CT	Restaurant	$18.20 B	26,958	43,154
5	Burger King Oakville, ON	Restaurant	$17.01 B	7,126	14,372
6	Ace Hardware Oak Brook, IL	Retail	$14.29 B	4,251	4,794
7	Hertz Naples, NJ	Automotive	$14.20 B	5,760	11,230
8	Pizza Hut Plano, TX	Restaurant	$12.20 B	7,908	15,605
9	Marriot Hotels & Resorts Washington, DC	Hotel/Travel	$9.60 B	347	578
10	Wendy's Dublin, OH	Restaurant	$9.30 B	5,750	6,515

图 2-1 美国特许经营品牌列表

资料来源：*2016 ITA Franchising Top Markets Report*

前十中肯德基和必胜客皆属百胜餐饮，在近5年的时间里，其在中国的店面数量从2011年的4493家，快速发展到2016年年底的7000余家。其中：肯德基有5224余家[1]（其竞争对手麦当劳在中国则只开了2000多家店面），必胜客有1714家，全年开了575家新餐厅，销售额超过67.5亿美元，是国内体量最大的餐饮公司。因为体量足够巨大，百胜中国已经从母体剥离，单独在纽交所上市。

---

① 百胜中国2016年财报。

特许经营对于中国经济来说，分量也举足轻重，来自中国连锁经营协会（CCFA）的统计显示，全国前100名特许经营创造了4280亿元人民币（约合660亿美元）的总销售额，拥有横跨100个行业的124086家店面。中国有4500余个连锁特许机构，提供超过500万个就业岗位。

特许经营的本质就是共享

特许经营的本质就是品牌和收益的共享。

麦当劳是全球市值最大的餐饮连锁企业，截至2017年8月，市值高达1254.85亿美元，PE（TTM）（滚动市盈率）为25.4倍。截至2016年年底，公司在全球120个国家共拥有36899家麦当劳餐厅，其中直营店5669家，特许经营店31230家[①]，换而言之，加盟店数量占到店面总数的85%。

从20世纪50年代开始，品牌的力量能够快速崛起，很大程度上得益于他们适时地采用了特许经营这种共享模式，企业将自己的核心品牌、技术、运营方式标准化后在市场寻找自己的加盟者，从而快速达到单店数量和市场品牌双扩张的目的。与此同时，加盟者通过投资，分享到品牌的核心盈利能力，从而赚取回报。这是典型的商业共赢，资源优势互补。

以麦当劳为例，在中国加盟者需要缴纳人民币250万~320万的加盟费用，加上房屋租赁、设备购买、店面装饰，总投资在330万~400万人民币。其中加盟费是麦当劳的收益，除此以外，加盟店每年需要向总部缴纳营业额6%的特许权使用费用以及约占营业额5%的广告推广费用。相

---

① 智研咨询网：《2017~2023年中国餐饮外卖市场分析预测及发展前景预测报告》。

应地，加盟者则可以获得麦当劳的品牌市场溢价及其完备的供应商系统和分发配送体系。

正是看到了这种共享型品牌发展的优势，在中国餐饮企业中，特许经营才成为普遍采用的经营模式。中国人耳熟能详的餐饮品牌，几乎都采用了这种发展模式。

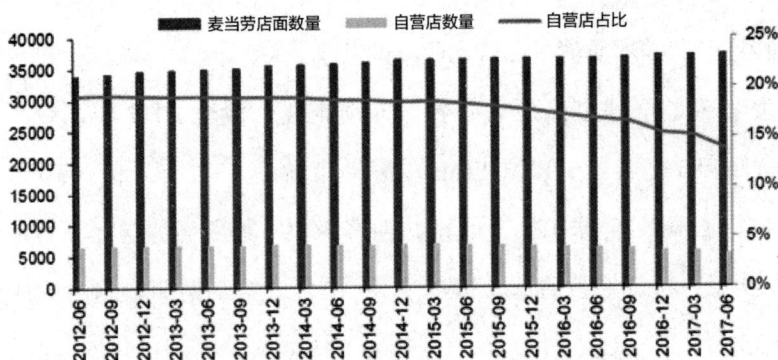

图 2-2　麦当劳店面数量图例

资料来源：《2017 年中国餐饮行业发展现状及行业发展趋势分析》

当然，随着线上经济的快速发展，企业对拥有线下店铺的意愿正在持续下降，加盟店在特许经营企业中的占比近年来也有明显上升趋势。从图 2-2 可见，麦当劳自营店绝对数量及占比从 2015 年后出现了快速下滑。对于品牌方来说，增加加盟店比重确实是一种轻资产运营方式，而加盟体系的稳固程度和盈利能力，则始终考验着品牌拥有者的核心产品研发及品牌管理能力，这也是一个企业无法复制的终极竞争力。

2017 年，"新零售"通过马云之口和阿里系的实践，成为又一众星捧月的风口。店面这一被线上经济以摧枯拉朽之势重创的传统模式，似乎又焕发出了新生。从这个视角看，特许经营的强拓展能力或许又将迎来一波新的用武之地。

是共享，也是金融

特许经营由西方引入，作为一种商业模式已经自带高光。又因其复制强的特点，在市场上拥有极其强悍的开店能力和拓展能力，可谓"一年百店"不是梦。

因此在 20 世纪 90 年代在全国范围内刮起一股"特许风潮"，特许经营顾问业务随之风生水起。FDS（Franchise Development Services）作为全球最大的特许经营发展服务机构，被引入中国，将当时先进、完整的理念和运营方式带进中国市场，FDS 的中国创建者——刘文献先生被当时媒体称为"中国特许经营第一人"，他带领团队见证和服务了中国最早的一批特许经营企业，例如：在 1996 年就登陆证券市场的杉杉集团，是当时服装企业上市第一股；重庆小天鹅——鸳鸯火锅的缔造者，也是中国民族餐饮的品牌代表之一，当时其掌门人何永智女士，将引入特许经营称为"被 FDS 的过程"；还有巴菲特和比尔·盖茨都赞颂有加的中国服装品牌公司大杨创世；等等。

特许经营在中国的发展和特许经营顾问、教育乃至金融的发展，其成长线是相伴共生的。伴随市场对这一模式的不断追捧，FDS 中国进入教育领域，刘文献先生与其合作者一起创立了特许经营这一学科，先后创建北京师范大学珠海特许经营学院和北京航空航天大学北海商学院，为中国特许经营培育了第一批专业人才。此后，他还创立了 FDS 中国私募股权投资基金、北京特许经营权交易所、贵阳众筹金融交易所、贵人书院等。特许经营从商务到金融的链式进化，也是 FDS 中国体系的链式进化，而 FDS 中国在世界范围内对特许经营的探索，都走在理论和实践的前端，尤其是对现代金融方向的实践和理论创新。

　　特许经营的加盟开店模式，可以说自带融资功能。品牌拥有者分享品牌的过程，就可以理解为品牌融资的实际呈现，用简单的理解方式，就可以解读为：用别人的钱开自己的品牌店。因此在将近二十年的时间里，特许加盟在中国是最受企业欢迎的低成本快速扩张方式，也是最受中小投资者欢迎的低风险创业方式。

第二节　经营剥离的"权益"

交易中最原始的方式，是对物权的交换。显然，还有比这更高级的商业交易方式，毕竟这个世界上会赚钱的聪明人还是非常多的。

如果说特许经营是用市场的钱建自己的品牌，那将自己拥有的品牌、形象、商标等共享给市场，从而赚取使用费的生意，简直堪称"最美生意"。共享"我有"，我的还是我的，并没有丝毫变少，但我的收入却增加了，这就是特许（License）。这是一门从物权中剥离出来，专事经营权益的好生意。

License 大市场

License，是一个庞大的经营权益的市场。从 20 世纪 20 年代的一把米老鼠图案水壶开始，我们熟悉的一系列动漫卡通人物，就开始"走穴"赚钱。从传统的米老鼠、唐老鸭到近年的二次元，授权业务遍布各个行业和领域，并成为全球经济的重要组成部分。

在 2016 年全球"黑天鹅"事件频发、世界经济整体增速低迷的背景下，全球授权商品的销售仍继续保持稳步增长，较 2015 年增长了 4.4%，达到 2629 亿美元。

从行业类别来来看，娱乐、卡通形象品牌授权仍然是最大的行业类别，零售额达 1183 亿美元，占全球授权市场的 45%，比排在第二位的企业、品牌商标高出近两倍。而娱乐品牌授权主要来源于电影、电视、出版、游戏等，它们贡献了大量知名的卡通形象和娱乐 IP。

从授权商品类别来看，服装类零售额所占比重领先其他类别商品，达14.9%；玩具类排在第二，占 13.3%；第三是时尚饰品类别，约占 11.3%；而增长速度最快的类别是婴儿和宠物产品[1]。

为何全球 License 业务数十年保持健康增长？这当然源于市场的有利刺激。一件普通衣服或者日用品，一旦经过经典形象的"加持"，价格立刻飙升为普通同类的 3~5 倍。而对于这些形象的拥有者，他们不需要做任何生产，就坐拥收益。比如迪士尼，License 业务一直是其在中国市场的主要收益来源，高达数十亿美元，而迪士尼公司多年来甚至不需要在中国开一家店。当然，由于中国市场过于热情，除了 2018 年开出的主题乐园，该公司已经计划在中国开更多的衍生品商店。

License 巨头迪士尼

迪士尼在 1926 年起家时只用了 50 美元，第一笔 License 业务仅为 300 美元。当然现在迪士尼已成为全球最大的授权商，300 美元肯定买不到授权了。

License Global 每年会公布《全球 150 强授权商榜单》，迪士尼已经多年蝉联榜首，其 2016 年授权商品零售总额达 566 亿美元，较 2015 年增加了 41 亿美元[2]。对于中国新生代来说，几乎所有人都用过迪士尼授权出品的

① LIMA（国际授权业协会）：《2016 全球授权业调查报告》。
② License Global：《全球 150 强授权商榜单》。

商品，而且通过多年努力，现在的迪士尼不仅拥有米老鼠、唐老鸭、白雪公主等经典动漫，更在手中握着皮克斯、漫威以及星战等一系列新的公司和 IP 所有权，授权产品线由原来的"女孩市场"向男孩、男性、成人市场成功进化。

根据迪士尼 2016 年年度财报，消费品和互动媒体部门收入较 2015 年同期下降了 3 个百分点，而营业利润却上涨了 4%。原因在于超级 IP《星球大战》带来的具有超高利润的授权收入。

与此同时，迪士尼也很喜欢强强联手的模式。2016 年，迪士尼授权全球最大的动漫玩具制造商之一孩之宝作为其官方玩具制造商。在拿到《疯狂动物城》《星球大战外传：侠盗一号》《海洋奇缘》以及此前早已上映的《冰雪奇缘》等迪士尼电影及漫威系列等的授权，尤其是开始通过迪士尼公主系列的授权拓展女孩品类的产品线后，孩之宝在 2016 年下半年展现了出众的市场表现，其女孩品类增长达 57%，第三、第四季度分别营收 16.7 亿美元、16.3 亿美元，创公司有史以来最高的营收纪录，同时也使得公司的年销售额超过 50 亿美元[1]。

正在勃发的中国市场

License 在中国是一个后发市场，中国是世界第五大授权市场，目前被授权消费品整体零售额仅占全球市场的 3%，人均授权产品消费额仅为 5.43 美元，远低于东亚其他国家，仅为日本的 5.8%。

不过，后发市场总有"后发优势"。中国是全球授权业务发展最迅速的市场之一，2014~2015 年增长 24%，消费者对被授权产品愈加青睐[2]，整

---

① 砍柴网：《动漫授权产品零售额仅占全球 3%　中国 IP 衍生市场潜力巨大》。
② LIMA（国际授权业协会）：《2016 全球授权业调查报告》。

个市场处于刚刚开始赚钱的兴奋阶段。

比如，在 2015 年，《喜羊羊与灰太狼》系列总体市场营收约为 26 亿元人民币，包括但不限于电影票房、电视剧收入、周边产品销售收入（含授权产品销售收入）等，其中影视剧的版权收入与衍生产品的收入占比约为 3 : 7。2017 年上映的《大鱼海棠》，制作方在电影上映前做了两三百种衍生品，销售额达到 2000 万元人民币[①]。这个数额不算太大，不过相对于其 5 亿元人民币的票房收入来说，已属不俗。

然而在事实上，License 业务的运营，并不是只要创造一个形象然后进行授权就能轻松赚钱的。这方面美国和日本同行绝对堪称前辈。例如日本经典形象哆啦A梦，即使是胡子的粗细都有严格到毫米的规定，假如胡子略粗或略细了 1 毫米，从视觉上看这个哆啦A梦就会与原版卡通形象不符，做出来的玩具就成了"山寨产品"。在 License 形象的持续运营上，真实化也被做到极致，像"樱桃小丸子"就获得了日本静冈县清水市的居民户籍证书，在其户籍证书上，记载了小丸子的生日、入籍日期、住址、爱好、家庭成员、身高及体重等信息。而蜡笔小新、哆啦A梦也都有正式户口。哆啦A梦甚至担任了 2020 年东京奥运会的"申奥委员会特殊大使"。

---

① 师烨东：《国内衍生品市场正在觉醒，前景看好，但谨慎乐观》，发表于壹娱观察微信公众号。

第三节 冗余共享：收益权的最大化

市场的核心功能之一是资源配置，利用信息不对称提供高价资源，是以往传统经济赚取利润的重要手段。现代经济，尤其是依托移动互联技术的新经济，则更倾向于打破壁垒，设置超级透明化和扁平化的市场来赚钱，如电子商务。更进一步的则通过优化资源配置能力来赚钱，这也是近年来"共享经济"成为一种社会现象并遭到追捧的原因。

根据中国电子商务研究中心发布的《2016 年度中国"共享经济"发展报告》，2016 年全国共享经济图谱涉及交通、餐饮、住宿、物流、知识技能、金融、生活服务共享七大领域，相关手机应用超过了 100 个，我国共享经济交易规模将达到 4.5 万亿元人民币。

网约车与共享单车用户规模分别为 1.68 亿人和 1886.4 万人，且继续保持快速攀升的势头；完成"爆发式"增长的共享餐饮累计 1524 亿元人民币的交易规模也不遑多让；共享房屋方面，2016 年全国住房分享市场交易额约 243 亿元人民币，同比增长 1.3 倍，用户总人数约 3500 万人。

共享的本质：经营冗余

这次，据说又是穷困"艺术家"为我们广大"凡人"造福。

SHARE

共 享 数 字 新 经 济

  2008 年，两个刚毕业的设计师去旧金山参加"设计大会"。为节省住宿开支，他们网上招租"沙发客"，因此有了创办提供拼租服务网站的想法。"Airbnb"的命名，就是"Airbed and Breakfast"的缩写，直截了当表明了其核心业务内容：空气床垫和早餐。这是最近一波共享经济的早期代表，其共享的核心本质，是通过互联网技术去经营冗余，将闲置加以利用，从而将收益价值最大化。

  因此，共享经济不仅仅是一门生意，它通过技术将社会资源配置得更合理，配置效率更高，避免资源浪费，是新一代移动互联网利用技术改变社会价值观和生活形态的新经济现象，也是一种生活方式。Airbnb 的出现，使得共享模式成为一个全球蔓延的运动。

  Airbnb 对此当然功不可没。2016 年美国最盛大的赛事超级碗（Super Bowl）令休斯顿瞬间游客人数比以往同期增长了 140%，当地 3.5 万个酒店房间捉襟见肘应接不暇，Airbnb 共享房屋的服务大大缓解了住宿紧张局面。另外一个例子是美国中西部城市奥马哈一年一届的伯克希尔哈撒韦股东大会，每年吸引 4 万人前来，这些相当于当地 10% 的人口数量，当地酒店价格飙升为 400 美元一晚且要求至少住宿三天（活动为 1 天）。2015 年股东大会前三周 1750 位当地居民通过 Airbnb 提供自己的客厅或房间，使得那些巴菲特粉丝们得以顺利找到住处。

  很明显，共享房屋的优越性十分明显：一方面房屋拥有者利用自己的冗余创造了财富；另一方面，租客们花较少的钱达到了住宿的目的。而对于那些游客来讲，Airbnb 所提供的住宿较之酒店，更能使他们领略和融入当地文化，进行本地化社交，因此更受旅游爱好者或年轻人的欢迎。截至目前，中国旅行者已经在 Airbnb 的全球房源内入住超过 530 万人次。仅 2017 年春节一周，就有超过 50 万名中国游客入住 Airbnb 的国内外房源。

Airbnb 的成功启迪了更多领域的创业者们。此后，不仅有共享房屋，还有共享交通、共享餐饮、共享服装、共享睡眠、共享充电宝、共享雨伞，各种奇葩的共享马札、共享撸猫等也相继出现。但其中最具代表性的还是共享交通。可以说，来自美国的优步（Uber），也为这一波共享高潮提供了大部分"燃料"。

"暗箱资源"产能释放

既然是经营冗余，即已有资产，那么现代共享经济最核心的能力，是平台优化资源配置的能力，是将传统"暗箱资源"透明化后，释放出的巨大产能。

车还是那些车，运送的人却不仅仅是那些人了。我们看看滴滴顺风车 2017 年的春节大数据，该平台在春运期间共运送了 420 万人次，是 2016 年同期运送数量的 4 倍。参与顺风车空座共享计划的车主共有 280 万人。运送大件行李 12.6 万件，运送宠物 7.4 万只，运送小孩 8.3 万名。这样的运力大概相当于铁路部门增开了 1909 列绿皮火车或者 5874 列 8 节动车组。甚至在除夕之夜，依然有 7 万人乘坐顺风车奔向团圆。

顺风车跨城用户的出行范围遍及全国 31 个省、市、自治区的 343 个城市，覆盖了所有开通顺风车业务的城市。其中深圳、广州、成都、北京、杭州成为滴滴跨城顺风车使用排名前五的城市。全国最远的出行距离则诞生在东方市，该笔订单从海南省东方市到黑龙江省哈尔滨市，总里程高达 4169 公里[①]。

无论是优步还是滴滴顺风车，其所提供的顺风搭乘或拼车服务，都不

---

① 滴滴大数据。

是这两年才出现的。在 58 赶集还分别是 58 和赶集的时候，很多人就利用这个分类信息平台在春节或重要节假日发布拼车信息，只是不成规模，属于小众服务，但本质上都可以看作是"网约车"，也都是对冗余资源的再利用。那么，为什么今天造就了神级企业优步和滴滴呢？

最大的一个原因，是移动互联时代所提供的技术支持，在信息的即时交互和支付的即时交易上，大大提高了"暗箱资源"交互的效率，使得"共享"成为一种简单、高效、便利、实惠的行为，也促使更多的"暗箱资源"主动透明化。

一个社会，"暗箱资源"越少，社会资源利用率就越高，浪费就越少。对于像中国这样一个人口众多、公共资源有限的国家，发展共享经济现实意义更为巨大。

共享的穿透力

当人们讲起共享经济的"神奇"，最喜欢的开场白是这样的：Airbnb 没有一间房间，却是世界上最大的房屋出租公司；优步没有一辆车，却是全球最大的出租车公司。

当 Airbnb 的两个设计毕业生开始创业的时候，并没有想到他们关于空气床垫的主意能创造一个市值 310 亿美元[①]的巨无霸，是仅次于优步的美国第二高估值创业公司，其用户遍及 190 多个国家，数量超过 5000 万个，被称为"住房中的 eBay"和"全球最大的酒店"。这种神奇，正体现了共享经济所代表的新型互联网经济强大的穿透能力，那些在传统经济实践中至为重要的行业资历、资金实力、政府公关都不再重要，共享释放出

---

① 2017 年 3 月，Airbnb 完成 10 亿美元融资后的估值。

的"暗箱资源"搭乘移动互联技术这一洪荒之力，令后来者的"孺子小生"们一夜之间成为入门"掠夺"的野蛮人。而且，这些野蛮人还年轻得吓人。

滴滴首席执行官程维，1983 年出生，用两年时间将滴滴打车实现从无到有，从小到大，将其打造成为共享经济的先锋企业。2016 年 4 岁的滴滴超越京东，位居中国互联网企业排名第五位，市值 350 亿美元①。2017 年 5 月，程维更当选《福布斯》2017 年 "全球变局者"。ofo 的首席执行官戴威，2014 年创业，2017 年 10 月，胡润研究院发布的《36 计·胡润百富榜 2017》中，戴威以 35 亿美元的财富成为第一个上榜的白手起家 90 后。

应该说，这种穿透力背后是商业理念的一次重大变革，是从传统经济投入人财物经营持有，到经营不持有的变化。这种不持有，特指不持有传统的"重资产"，持有的是需求、客户、流量这些看不见摸不着但价值万金的"轻资产"。

这种模式，对于全球产能过剩的经济现状来说，无疑是对经济结构的一次重组。

---

① 投资界：《中国互联网公司最新排名：4 岁的滴滴踏着网易、京东上位，前六都属于 BAT》。

第四节　分时租赁：收益权的碎片化

共享在最开始对标的自然是冗余和闲置，但在某些领域，没有足够的冗余和闲置，又有相应的需求，由此，共享的概念进行了市场自我延伸，从冗余共享发展出"特供"的共享。尽管很多经济学家认为"特供"的共享实乃伪共享但仍不能妨碍这些商业模式挂以"共享"之名，在市场攻城略地。

碎片化的需求

实际上，在市场中存在大量的"不好持有但有需求"的需求。旅行租车、居住酒店、自动洗衣房等，出行、居住、洗衣这些是真实的需求，但无法持有，因此就有了租赁，各行各业的租赁。而这很传统。

近两年的分时租赁，称为"共享经济"，除了蹭热点之外，确实有别于传统较为"粗犷"的租赁行业。共享式的分时租赁，其出租行为更加碎片化，对应的也是传统经济难以规模运营却有实际需求的市场。将碎片化的需求进行集约的经营，是新型分时租赁可以自称为"共享经济"的绝对底气，而共享单车是其中的典型性代表。

来自摩拜单车《2017 年共享单车与城市发展白皮书》提供的数据显示，在北京地区，81% 的共享单车活跃在交通接驳点周边，上海则高达 90%。

自行车在城市中的交通接驳价值是一个真实的存在，但由于自行车持有性价比极低（存放困难，丢失率全球居首），导致更多有需求的人并不持有。共享单车正是为解决这一市场痛点而来，为城市出行补上短距离交通工具短板。租赁行为更加精准和便利，使用者通过扫码开锁计时，随用随取，随停随还，传统租赁定点租还方式当然无法满足这种碎片需求。

经营碎片化

著名投资人朱啸虎的投资逻辑就是高频、刚需、规模化。对标的共享市场就是小额、普惠、碎片化。这也是这一轮互联网经济的特点，解决广大人民群众的需求，真实体验技术进步带来的生活改观。如果翻译成高规格的语言，那就是传说中的革命性的产品和现象级的客户群体。既然是革命性和现象级，那经营碎片化的生意自然市场广博。

ofo 创立于 2014 年下半年，首创了无桩单车共享的模式，最初由校园起家，为学生群体提供校园热点间的短途往返。自 2015 年 6 月启动以来，ofo 已进军北京、上海、广州、深圳等超 150 座国内城市，以及美国、英国、新加坡、哈萨克斯坦 4 个国家，累计提供了超 20 亿人次的出行服务。2016 年 4 月，这家公司估值 1 亿元人民币，2017 年 3 月 D 轮融资时估值达到 10 亿美元，到 E 轮融资已经涨到 30 亿美元，在短短一年多的时间里公司估值翻了 200 倍以上，而且，这还是一家未盈利的公司。即使如此，市场对此也信心十足，认为这就是单车领域里的滴滴，是眼看着成长起来的行业独角兽。

由 C2C 向 B2C

碎片化的共享与冗余共享最大的区别是共享模式由 C2C 向 B2C 的转变。因此，这一部分共享才成了"特供"。尽管在共享单车大军中，有一部分单车来自捐赠，也有经营初衷是将社会存量单车纳入共享大家庭，但由于这一部分数据过于微小，在实际当中基本不予考虑。共享单车的绝对主流，都是由 B 端的市场投放，而且投放到"令人发指"的地步。

据交通运输部不完全统计，截至 2017 年 7 月，全国共享单车累计投放超 1600 万辆。2017 年 7 月至今，已有杭州、福州、郑州等 8 个城市纷纷要求共享单车企业暂停投放新车。

这种疯狂的背后，当然有资本的推波助澜。共享单车市场一年融资过百亿元人民币，第二年头部企业便开始集中，单车迅猛投放的背后是资本的快速催生，紧接着就是独角兽式的碾压，而后就如已见的滴滴，后市场竞争时代的垄断出现了。这一过程和结局，貌似违背了共享经济的初衷。首先，共享本来以轻资产模型见长，分时租赁模式却是以重资产投放，而且是短期内的集中投放为特征，市场较量的重点似乎成了谁更能烧钱和谁有更多的钱烧。其次，"烧"出来的老大，由于背后资本对回报的饥渴，极有可能导致新垄断后的权力滥用。比如，最粗暴直接的涨钱；再比如，不粗暴但令人讨厌的差别定价机制。而这些都很不"共享"。

Chapter 3

共享面积的方式

众筹，并不是互联网时代的产物，而是互联网时代对其进行了重新组织和呈现。

在此之前，众筹是人类为了生存而进行的一种互助方式，民间广泛存在。而这些民间智慧的进化，使众筹行为逐渐组织化、结构化和明确化。众筹，本身就是一种共享方式，它的演变历程使得共享的面积由小范围发展到无穷大。

在互联网时代，众筹则被看作是共享金融的典型代表。

第一节　众筹的小范围到无限扩大

作为人人参与人人共享的方式，众筹最早出现于民间，结构于资本主义崛起时代，最终由互联网经济将其发扬光大。这其中社会结构的变化、权力结构的变迁，都使得众筹越来越普惠化、草根化。

起于本能和民间

互惠共享，抱团取暖，是生命共度艰难的本能，也是一种生存方式，可称其为"生命众筹"，自然世界当中的"社会性生存"物种，是这种模式的典型代表。

例如，在自然环境中，一只白蚁和一只蜜蜂都是无法生存的，相对于弱小的身躯，它们更依赖集体的力量，且在群体中有明确分工。像白蚁，群体中有雌蚁、雄蚁、工蚁和兵蚁。工蚁的职能是筑巢，喂养雌蚁、雄蚁和兵蚁。兵蚁则专司蚁穴的保卫。雌蚁是专职的"产卵机器"，也叫蚁后。

它们其中的每一个都渺小无比，但群体使它们强大。有些蚁群巢外活动的工蚁队伍长达 1 米以上，宽约 10 厘米，每一只工蚁都用口衔着小叶片运往巢内。在队伍的两侧，每隔一定距离就有一个兵蚁守卫，井然有序。在热带地区，这样的队伍可由 30 余万只白蚁组成，穿越丛林，吞噬前方遇到的一切存在，力量惊人。从一只小蚁到锐不可当的蚂蚁行军，它们通过众筹行为，将渺小扩容为庞大，个体因此牺牲了独立生存能力，成为"群体机器"的零件，但群体却获得了超强的生存能力。显然，生命众筹的需要，就是为了共享基因繁衍所需的一切：共享对天敌的防护能力，共享对恶劣自然环境的抗争能力，共享获取食物的能力，等等。

可见，生命众筹是物种进化角逐过程中，自然选择的结果。人类社会亦是如此，我们群居的方式和社会化的分工，其目的和白蚁都是一样的。只不过，人类由原始到智能，进化出了比蚁群更复杂的社会化结构而已。而对于这种生命的众筹，也由最原始的状态发展为更富有文化感的存在。

比如民间奉行的"红事""白事"礼金文化，这就是社会底层民众的一种互相众筹行为，尤其在社会财富积累有限的情况下，婚丧嫁娶在极大程度上考验着一个家庭的财政支付能力，当在社群中，每个家庭单位都面临支付困境时，自发的众筹行为就出现了。单个家庭的婚丧嫁娶，由整个社群通过"礼金"的方式筹集所需资金，以解决其财务困境。这种认筹非强制化，但一旦认筹，就进入到一种社会默认契约当中，于是，曾经为别人认筹支持过的家庭，在其财务困境时，也会毫不犹豫地使用其"众筹权利"，向整个社群募集资金。

时至今日，在很多乡村仍旧保持着这样一种明确的契约行为，婚丧嫁娶，乡民必定自觉认筹，认筹完毕，会有专门的"众筹组委会"将认筹名单张贴布告，整个过程自觉、有序、公开、透明，这既是一种约定俗成的礼仪，更是一种财务能力的共享行为。

当然，伴随社会财富积累日益丰富，此种众筹行为的财务共享职能越来越低，礼尚往来的文化属性则越来越强。

众筹由 C2C 进化为 B2C

C2C 是民间众筹的一大特点，即使在社群中以广众形式参与和存在，本质上仍旧是个人对个人的行为，其规模基本取决于众筹人在社群当中的影响能力和参与社群他人认筹行为的积极程度，是熟人之间的互筹。一个人的能力圈当然是有限的，熟人更有限，这必然导致众筹规模非常有限。

直到公司制的出现，使众筹打破社群共享限制走向更为广阔的市场经济，由熟人互筹变为陌生人互筹，由社群小众变为全社会各阶层皆能参与的大众筹。公司制让众筹完成了由 C2C 到 B2C 的进化，而这一进化又完全改变了人类社会的发展节奏。西方社会因此从落后的经济状态中一跃而起，成为整个大航海时代的开辟者，并在后来的几百年时间中，稳稳扮演世界"经济头部"的角色。

众筹在当时具备的募集能力，是前所未有的。大航海时代的代表公司之一——荷兰东印度公司，其股份认筹者有 1000 多个普通民众，他们是贩夫走卒，是阿姆斯特丹的买菜大妈和烤面包大叔，这些处于社会底层，之前从未有机会共享社会发展财富的人群，通过公司股票认筹，享受到了股东待遇。公司成立五年之后，这家公司规模就超过了往日海上帝国葡萄牙和西班牙海上舰队总和，成为风头强劲的后起之秀。到 1669 年时，荷兰东印度公司已是世界上最富有的私人公司，拥有超过 150 艘商船、40 艘战舰、5 万名员工及 1 万名佣兵的军队，股息高达 40%。

公司制的众筹，极大地解放了社会广众资本，在本质上让社会财富的共享性能提高到了"普惠"的程度。时至今日，优秀企业通过上市募集资金，已经是常规手段。而普通民众通过投资股市，分享社会发展红利，也成为普通家庭的标配理财方式。两者的互相分享，促进了资本的高效利用，让众筹真正成为一种"众"的行为。

而且，凡是上市公司多的区域，区块经济也发展得更好，对社会各种资源的吸附能力亦更强（见表3-1）。中国最具代表的北、上、广、深四个一线地区，上市公司前十统计市值如下（见表3-2）：

表 3-1　　　　　　中美两国上市公司统计

中国（不含港澳台）		美国	
上海 A 股	2972	纽约交易所	2779
深圳 A 股		美国交易所	
新三板	9599	纳斯达克	2701
公司总数	12571	公司总数	5480

资料来源：公开资料，截至 2017 年 9 月

表 3-2　　中国一线城市（北、上、广、深）上市公司统计

北京	市值	深圳	市值	上海	市值	广州	市值
工商银行	21313	腾讯	27423	交通银行	4687	网易	2249
建设银行	17275	平安	9823	浦发银行	3757	广汽	1751
中国石油	14623	招商银行	6352	上汽	3524	广发证券	1431
中国移动	13888	恒大	2967	太保	3305	南方航空	835
农业银行	12374	万科	2961	国泰君安	1850	富力	497
中国银行	12128	顺丰	2386	携程	1797	欧派	430
中国人寿	7894	中信证券	2187	海通证券	1695	广州港	416
中国石化	7131	比亚迪	1853	宝钢	1631	白云山	388
百度	5531	招商蛇口	1453	上港股份	1566	唯品会	359
中国神华	4222	招商证券	1391	上海银行	1390	索菲亚	338
合计	116379	合计	58796	合计	24319	合计	8694
占北京比例	100%	占北京比例	51%	占北京比例	20%	占北京比例	7%

资料来源：公开资料，截至 2017 年 9 月 27 日

共享面积的方式

当众筹广泛用于公司的创建和发展，社会散落于广众之间的财富才有通道转变为"资本"，"资本"和财富之间的差别是巨大的，它天然带有进取性、攻击性以及贪婪性，它的初始目标和终极目标，都是为了获得更多的财富，再转化为更多的资本。

正是因为这样的不同，带着财富七下西洋的郑和船队，每航行一次，都要散去国库大量财富；而带着资本出发的"哥伦布们"，到了新大陆则迫不及待地掠夺财富。现代文明的基石虽然充满原罪，但民间财富聚合为资本的质变，却由此始发。

互联网：人人众筹，人人共享

借助于技术发展和网络终端的高黏性化普及（由 PC 到移动终端），众筹在互联网时代迸发出全新活力。而且，它们出现各种分身，刮起各种风口，形成各种现象级社会、经济、金融现象。

最早的故事，应该从 2010 年春天开始，一种叫作"团购"的新销售方式由西方传进来，并在短短几年时间内，经历了资本疯抢、千团大战、IPO 折戟、资本寒冬、裁员破产、移动转型等过山车式发展。最终留存下来的独角兽，也蜕变了最先单一团购网站的外壳，发展成为复合型平台。例如美团，它更大的价值体现于 O2O 生态的搭建，利用技术为传统零售赋能。

当然，团购作为一种业态，也被长久保存下来。它们是淘宝系的"聚划算"，是有赞的"拼团"，是京东的"秒杀"和"闪购"。这些新的变异体，剥离了原来简单粗暴售卖廉价的方式，在自我弱化中融入新的网络经济生态中。

团购虽然式微，但却用最直接的方式展示了网络集众的能量和效率，广众参与共享简单到只有一个触手可及的距离。在今天的中国，共享已经是一件全体民众集体参与的生活方式。最简单的举例，就是舆论权力的共享，人人可以拥有头条号，人人可以拥有微信公众号，人人可以成为"网红"。

金融共享自然也不甘落后，股权众筹催生了北京中关村"创业大街"最繁荣时代；收益权众筹探索了权益价值投资，对比股权众筹，则更大限度地简化了投资之间的权益关系，使得金融共享更加简单便宜。到2017年，ICO（首次代币发行）众筹的高潮，又上演了金融与科技的极度互动和鱼龙混杂江湖乱术的伴生。

从这个视角看过去，以互联网技术支撑为特征的新金融世界，充满了风口、动荡和擦边球，但其前进的终极方向，则是共享精神之下的无限脱媒和无限普惠。

第二节　金融众筹的共享梯队

互联网金融起势于 2015 年，高潮于 2016 年，到 2016 年年底，伴随易租宝事件爆发，2017 年整个生态可谓江河日下，这一年甚至被业界称为"烂摊子之年"。人们普遍认为，这正是 2015 年互联网金融大迈步之后的结果，"摊子"固然有些"烂"，但在整体金融生态上，普惠金融借助此次"猛进"正式成为社会经济的重要组成部分，之前被排除在金融和社会资本之外的群体、单元、结构，左突右进，正在共享社会资本的高效配置。

尽管金融众筹业务，在国内很大程度上为政策导向所左右，但基础业态局面已定，问题在于法律政策界定，而不在于存在与否。

中小微通过股权众筹共享社会资本

2017 年 12 月 21 日，由中关村互联网金融研究院、中国互联网金融三十人论坛（CIF30）、国培机构联合主办的"2018 中关村互联网金融论坛暨第五届普惠金融论坛"在北京举行，中国人民银行金融研究所前所长、大成基金副总经理兼首席经济学家、中国互联网金融协会互联网股权融资专业委员会主任委员姚余栋在主题演讲中提出："互联网股权融资或者股权众筹对创新型国家很重要，没有股权众筹就没有创新型国家。互联网股权众筹是我们大众创业、万众创新、建设创新型国家的一个非常重要的手段。《证券法》修改是一个绝好的机会，我们要坚守底线，防控风险，又要大胆地去努力探索和创新。在防控风险、严格监管的前提下，希望众筹企业能尽享这样一个时代芳华。"

中国目前大约有 5000 万个中小微企业，其中有 500 万个创新创业型中小微企业，这些企业代表了中国的创新前沿和国家未来经济动力，创新的基本条件是试错空间和资本消耗能力，但它们之中真正能够得到融资的，不过 10 万家（包含天使、A 轮、B 轮等），融资环境可谓恶劣。而这并非今日的问题，中小微融资难融资贵已是老生常谈。姚余栋呼吁将"小额公开发行注册豁免"写入修改的《证券法》，正是基于股权众筹与中小创融资对标的现实环境。

互联网股权众筹在 2011 年前后进入中国，到 2015 年发展至高峰，时年以百度、阿里、京东、苏宁为代表的互联网巨头纷纷上线众筹平台，其中又以京东股权众筹发展最为出色，京东东家一度成为行业标杆。但进入 2017 年后，各家已开始收缩股权众筹战线，多数只保留了权益类众筹业务。2017 年上半年，百度众筹、苏宁私募股权悄然下线；而以私募股权融资为核心业务的京东东家也开始调整业务，阿里旗下蚂蚁达客则近几年未上新任何项目。

从公开资料的数据统计来看，2011 年我国股权众筹平台仅为个位数，2015 年发展至 84 家，虽然不断受到政策影响，但平台数量一直处于上升趋势，2016 年达到 120 家，2017 年为 130 家左右。融资数据方面，2014 年，股权众筹融资总规模为 11 亿元人民币，2015 年为 51 亿元人民币，2016 年为 58 亿元人民币[①]。2017 年融资总额，目前还未有机构发布统计数

---

① 智研咨询。

据，预估至少腰斩。特别是 2017 年 9 月，受政策影响，股权众筹平台业务基本处于停滞状态，直到 2017 年年底才稍显回暖。

从成功融资的项目数据来看，2014 年，成功众筹项目为 261 个，2015 年为 1175 个，2016 年为 1345 个，约为 2016 年国内风险投资案例数的 36.5%，但融资规模平均为 400 万元人民币（项目金额），该数据仅为风险投资总额的 4.4%，体现出股权众筹融资与传统风险融资相比"小额化"的特点[①]。2017 年的融资数据应该依然遵循了小额化特点，项目成功数量应较 2016 年有所下降。

以 AngelList 平台为例，我们对比国外股权众筹数据。AngelList 创立于 2010 年，是全球第一家股权众筹平台，到 2017 年约为 1600 多家初创企业成功进行了融资，融资金融超过 6 亿美元（这些公司后续又进行了 58 亿美元的融资），即每个项目均等融资额约合 300 万人民币。这也直接体现了股权众筹小额化特征，在全球范围内是统一的。

当然，值得国内学习的是，AngelList 对初创企业的支持，已经形成一个非常好的生态，它们不仅提供股权众筹的融资服务，还为初创企业提供招聘，即"人才众筹"。目前大概有 330 万家企业在 AngelList 注册，明确表达融资需要的有 37 万家，另外 2 万多家正在进行初创团队筹建。

所以，总结而言，股权众筹的服务对象是非常明确的，即创新型、创业型、小微型企业，这类企业融资特征也极为明确，即高风险、高回报、相对小规模。姚余栋主任所提出的"小额公开发行注册豁免"，可谓恰逢其时。

---

① 智研咨询。

新生代借由 P2P 共享金融收益

对比股权众筹，P2P 从市场规模（见表 3-3）、资产端属性及用户画像等各方面，似乎都在更大程度上体现了共享金融的成果。

首先从市场规模说，P2P 自 2007 年进入中国后，其交易规模已经连续 6 年保持 150% 的同比增长。P2P 用户端是普通的个人投资人群，资产端在早期也更多倾向于中小企业资产。因此 P2P 的发展，可以说一方面让中国普通居民通过极其简单的网上操作共享了金融理财收益，另一方面也让很多融资困难的中小企业得以共享社会资本。

表 3-3　　　　2011~2016 年 P2P 市场交易规模

年份	成交规模（亿元人民币）
2011	31
2012	212
2013	1058
2014	2528
2015	9823
2016	20638

资料来源：根据公开资料整理

公开数据显示，截至 2017 年 11 月底，P2P 行业总成交量达到了 25800 亿元人民币，较 2016 年同期成交量增长了 41.8%。P2P 行业历史累计成交量达到了 60091.32 亿元人民币，首次突破 6 万亿元人民币大关。从 2017 年各月 P2P 网贷行业成交量走势来看，月成交量稳定在 2000 亿元人民币以上，这种状态应该会持续到 2018 年，虽然年中备案会是一个行业大考，但 2018 年预计全年 P2P 成交规模仍会为稳中求进。

从资产端来讲，自 2015 年开始，股票配资贷、首付贷、校园贷、金

交所产品等问题资产陆续被相关监管机构叫停。整个 2017 年，被视为 P2P
密集政策年，对于资产端也有重要政策，在 2017 年 12 月银监会发布《关
于规范整顿 "现金贷" 业务的通知》，次日银监会 P2P 网络借贷风险专项
整治工作领导小组办公室发布《关于印发小额贷款公司网络小额贷款业务
风险专项整治实施方案的通知》，着手整顿 P2P 现金贷业务。

可以预见，为配合 2018 年中的备案登记，P2P 资产端的配置方向越来
越向政策导向靠近。

从图 3-1 统计数据可以看出，P2P 资产端受普惠金融政策和行业监管
限额影响，目前以消费金融、汽车抵 / 质押和房产抵押为主，其中又以消
费金融资产居多。

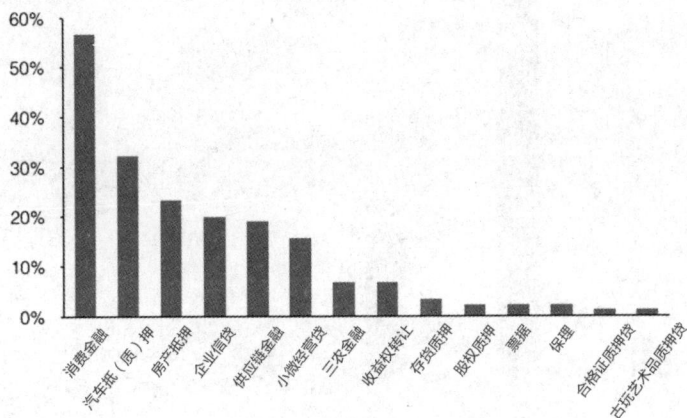

图 3-1　P2P 资产端分布统计

资料来源：盈灿咨询，2017 年 11 月样本抽调统计

消费金融主要是为借款人日常消费提供贷款服务，借款金额相对较
低，相应风险控制能力较强。汽车抵（质）押资产则因为业务模式简单成
熟、易标准化的特点受平台青睐。关键是这两种资产类型高度配套于我国
大环境的消费转型升级，可以说在各个方面都符合监管要求和政策需求。

消费金融的完善，将在更为便利的环境中促进社会各群体对经济发展成果的共享，有益于提升居民幸福指数，特别是对于个人财富尚且处于积累阶段的年轻人群而言，尤为重要。

从图 3-2 的统计数据来看，借助互联网金融，年轻一代比他们的父辈更早进入理财行业，20~29 岁人群占据 P2P 投资用户约 65%，30~39 岁人群占比约 24%，两者相加接近 90%，这也就意味着 80 后、90 后人群是新生代的互联网金融参与者，亦是受益者。伴随着 80 后、90 后逐渐成为社会经济机构中的中流砥柱，P2P 的接受度和共享面积仍旧会持续加大。

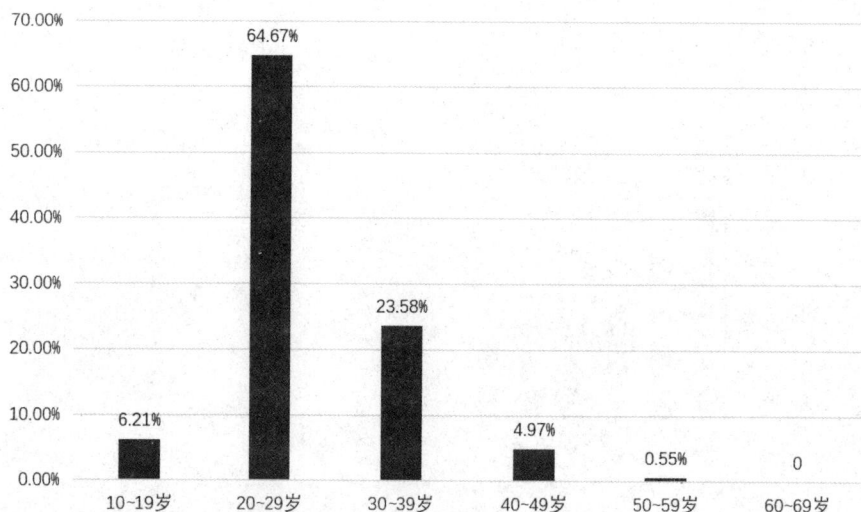

图 3-2　P2P 用户画像统计

资料来源：借点钱 APP 发布[①]

尽管多年以来国家一直励传统金融机构的金融服务向中小微方向下沉，但受制于其风控手段及业务模式的固化，使得短期内传统金融机构的服务无法有效渗透进这一市场。有需求就有供给，正是这个原因促使 P2P

———————
① 2017 年 2 月借点钱 APP 发布《2016 年互联网借款用户画像》。

行业持续高速发展。

艾瑞预计未来 5 年内，交易规模的复合增长率高达 85.3%，2018 年，我国 P2P 交易规模将超过 3.5 万亿人民币。

大众参与，共享收益

收益权众筹的英文名称是 Royalty-based Crowdfunding，其中 Royalty 经济学领域是指一种特权使用权益协议，迁移到众筹行业，就有了"收益权众筹"概念。美国的收益权众筹平台有 Quirky、TubeStart、RoyaltyClouds 等。

收益权众筹在中国的第一案例是 2014 年北京著名餐饮品牌金百万在领筹网发起的一个标的为 400 万元人民币的众筹项目，该项目 2 小时内被认筹一空。

与此同时，这一案例也启发了后来的店面众筹平台，使收益权众筹以"第五种"众筹的面貌，在中国众筹市场列有独特一席。

经过三年的发展，收益权众筹在中国大致走出了三种模式：

其一，基于特许连锁的店面众筹。

收益权起源于金百万餐饮品牌众筹，这并非偶然。领筹网是由北京特许经营权交易所拓展出的众筹平台，特许经营权交易所对标的重要市场之一是特许经营相关业务。而特许经营作为一种非常独特的商业模式，向加盟者收取权益金是其重要的收益方式。这种方式伴随市场的发展，在很多品牌的市场结构中进行了更利于企业发展的进化——出于拓店需要吸收当地投资人成为店面合作人，以不参与管理但参与店面分红的方式，形成一种"轻"于股权的"合伙人"关系。

收益权众筹，正是结合了特许经营和股权众筹两者的优势，在吸收投资的同时又没有捆绑股份，对企业是莫大的解放，对投资者则是收益的共享。这种方式，特别适合特许经营和连锁品牌拓店众筹。而在近两年的时间中，众筹领域确实跑出了数家以收益权众筹开店见长的平台。

姚余栋曾多次表示，以股权质押式的优先收益权众筹，可以使风险更加平衡，而减少平台对项目的自身判断，同时，也使企业与投资者分红更具有可信性。

其二，基于票房收益的影视众筹。

2014 年 3 月，阿里巴巴推出一个全新的产品"娱乐宝"，并以"全民娱乐，你也是出品人"的宗旨，展开众筹。由于这款产品让影视受众首次获得渠道得以共享"大片"及"偶像"投资人角色，极大调动了青年群体的参与热情，该款娱乐宝在 3 月 31 日至 4 月 3 日期间在线狂售 7300 万元人民币，参与认购者超过 20 余万人。而这笔募集资金全部投给《小时代 3》《小时代 4》《狼图腾》和《非法操作》4 部电影。

2014 年 9 月，百度金融推出了众筹类产品"百发有戏"，开始试水影视类众筹项目。"百发有戏"相继推出《黄金时代》《致我们突如其来的爱情》等多个影视众筹产品。

在众筹领域一直大刀阔斧的京东，2014 年也涉足了影视类众筹项目。2014 年 7 月，京东金融众筹业务时名"凑份子"上线，推出首批募集的 12 个项目，包括《小时代 3》。其中，电影《小时代 3》最受欢迎。

影视众筹的高潮是《大圣归来》。89 位众筹人筹资 780 万元人民币。随着《大圣归来》的好口碑和好票房，平均每位投资人净赚近 25 万元人民币，投资回报率高达 400%，成为当时影视众筹中的现象级案例。但随后，2016 年《叶问 3》的票房失败，将这一众筹方式引入低谷。

基于票房收益的影视众筹从最开始的大平台济济一堂到现在飘摇凋零，主要因素并不在于这种众筹模式，而在于电影行业本身的高风险特征。特

共享面积的方式

别是阿里、百度、京东等众筹项目高开低走的业绩，印证了这个行业投资的不确定性，对于追求收益回报的投资界来说，这委实不算个好产品。

其三，基于市场差价的二手车众筹。

二手车收益权众筹是近年新出现的市场类别，其出现的动机直接源于市场需求。在二手车市场，65% 的二手车商面临融资难问题，现有的金融产品及服务模式对此适配性极差。例如：银行贷款抵质押手续烦琐，无法随借随还；P2P 的融资产品期限固定，同样无法匹配不确定的卖车时间；其他民间借贷要押车才放贷，严重影响展示和售卖。

在这样的情况下，收益权众筹被应用进来。二手车众筹平台车财多的做法是，先按 9 折质押率向二手车商融资，获得车辆所有权，将其放在车商的展厅售卖变现后，与合作车商分成买卖价差，同时与众筹收益权的 C 端投资者分享收益。如果车辆在 90 天内没有卖出，与车商签订的 10% 溢价回购协议，会为投资收益保底。其中，为车商融资提供 9 折质押率（高于小贷公司的 5 折和汽车金融类公司的 7 折），是吸引车商签约的核心竞争优势。

除此三种，基于专利和知识产权的收益权众筹，也将伴随我国知识产权强保护时代来临而成长为一种重要类别。目前，北京特许经营权交易所正在研发基于知识产权的交易模型，未来可能引领 IP 收益众筹时代的来临。

综上所述，现阶段收益权众筹应用得最好的是基于特许连锁的店面众筹，未来发展空间最大的可能是基于 IP 的收益权众筹。

众筹金融与市场交易

构建多层次资本市场，一直以来是我国金融体系建设的方向。在传统金融体系中，已经构建了以区域性股权交易市场、新三板、创业板、中小板、主板为框架的主流资本市场（见图3-3）。

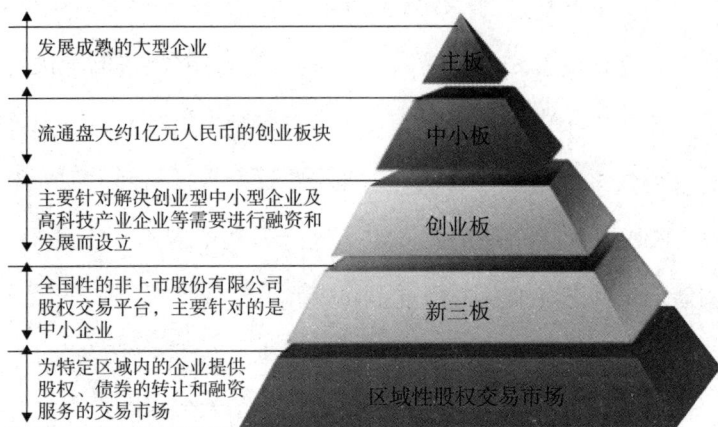

图 3-3 我国多层次资本市场架构

资料来源：《证券导报》

截至2018年1月，沪深交易所上市公司接近3500家，新三板市场挂牌企业达到11600多家，全国40家区域性股权市场挂牌企业超过2.1万家。五层市场总计有超过3.6万家企业共享社会资本配给通道。

然而，沪深交易所的上市公司在资本市场的募资能力远超新三板和全国区域性股权市场，尽管后两者在数量上占了绝对优势，但这并不能起到什么实际作用，长期以来新三板就以流动性几近僵化而备受诟病，比之资源更居次等席位的区域股权市场，其存在价值到目前为止可能就是国家资本市场多级结构建设的"战略意义"。

有一个好消息是，在快步放量发展多年后的新三板，似乎等来了政策红利。2017年年底，《全国中小企业股份转让系统挂牌公司分层管理办法》《全国中小企业股份转让系统股票转让细则》和《全国中小企业股份转让系统挂牌公司信息披露细则》三大重磅文件同时出台，从分层管理、股票转让和信息披露三个方面对新三板提出了制度改革要求。在此次发布的三大文件中，交易规则的调整被认为是最核心的调整。自2018年1月15日起，挂牌股票盘中需要选择集合竞价转让或做市转让方式之一进行转让。盘后可以进行协议转让；对于收购、股份权益变动或引进战略投资者等特定情形，可以申请线下办理特定事项协议转让。有专家认为，这是新三板流动性真正启动的开始，具体能给市场注入多少活力，还需拭目以待。

所以，多层资本市场经过多年建设，其政策红利只是艰难下沉到新三板而已，区域性股权市场尚未顾及，这似乎就是股权众筹市场乃至众筹交易市场难以发展的现实困境。擅长短跑秒杀对手的互联网金融入局者们，在众筹共享这个跑道上，已然成为马拉松选手。

2010年，北京特许经营权交易所在北京石景山注册成立，权益类产品发展引领国内新潮。2010年，贵阳众筹金融交易所（以下简称众筹所）前身在贵阳注册成立，2015年，众筹所举行了全球首个世界众筹大赛，吸引了国内外1632个项目报名，78517人参与投资，总筹资额达1600余万元人民币，是全球首次用赛事的方式驱动众筹产业发展的成功案例。

应当说，这些交易市场创建的初衷和目标，是建立相应的交易市场，为我国迅猛发展的互联网金融行业配套交易服务，在现有政策监管尚不明确的前提下，为市场提供相对规范的服务和有利于行业风险控制的退出方式。

但令人遗憾的是，制约行业发展的政策问题，在更大程度上制约着这类交易市场的发展。前文已经陈述，国家政策红利目前只勉强共享到新三板层级，隶属新金融的互联网众筹交易市场在历史上只经历了数次市场风口，而并没有来自国家政策的支持。而中国金融市场，很大程度属于政策市场、牌照市场和行政规章市场。

在刚刚闭幕的中央经济工作会议（2017 年 12 月 20 日）对 2018 年经济工作做出具体部署，在资本市场领域明确提出："促进多层次资本市场健康发展，更好为实体经济服务，守住不发生系统性金融风险的底线。"这意味着，互联网金融的配套要素市场，仍要在坚守传统中谨慎创新。

未来，共享的面积还可以无限大；现在，我们可能要稍微等一等。

第三节　共享的社群式跃进

《21世纪商业评论》发行人吴伯凡曾在财经节目《东吴同学会》中谈到，2018年我们的社会将呈现出更多的再部落化特征。人类发展并不像自己之前预想的那样，因为互联网的存在使个体更加自由独立，相反，因为有了互联网，人类反而像豆瓣上的兴趣小组一样，分门别类聚集起来。

既然用户正在自动组群，所有的经济和金融形态，自然也会在社群中进行繁衍和发展。而社群特有的群体效应，又会在最大程度上促进提升某种意图达成的效率。如果说众筹是实现共享的手段，那么社群就是实现共享的组织形态。

拥有社群，拥有用户

在中国通过经营社群而获得巨大成功的案例，并不算少见。

例如，用6年时间就使自己的市值飙升至2000多亿元人民币的小米帝国，其起源被认为是巧妙经营了一个被后来定义为"屌丝"的群体。这群"屌丝"是一群爱好刷机的年轻智能手机发烧友，他们被小米聚拢在论坛之中，每当提出一些需求建议或反馈，都会得到小米产品经理和工程师的百分之百回复。后来成为小米传奇的"铁粉团"也在其中诞生，这个由

80 人组成的号称"百名铁粉团"的小团体，在小米内部由专门员工负责打理，据说这"百人"的能量可以影响到 17 万左右的粉丝，是"米粉"中的精品及领袖。

在社群的维护和营销上，小米非常愿意强化米粉"前沿发烧"的感觉。例如与 QQ 空间合作，营销出 1500 万人疯狂抢购小米手机的场景。与微信支付合作，在 1.75 亿人脑中狂刷存在感，小米微信账号当天就增加了 300 多万个订阅用户，微信支付则捆绑了 180 万个用户。小米的社群粉丝驱动能力，成为各个行业学习的典范。

写了小米成功秘籍《参与感》的黎万强说："我们在网上聚集了几百万人帮我们做这件事情，今天的小米产品，不仅是小米的心血，也是数百万米粉一起贡献的作品。所以说，用户是小米的一分子。""用户心甘情愿地把小米产品推荐给同学、朋友、家人、同事，他们是我们最大最强的生力军。"

这一支生力军的确帮助小米创造了奇迹。小米产品自 2011 年上市以来，其销售增长迅速，2012 年收入 126 亿元人民币，2013 年 330 亿元人民币，小米迅速成为全球第三大智能手机品牌厂商，成为全球创业公司中最快攀上 10 亿美元的公司。2016 年，因为米 5 质量问题，曾遭受销售同比下滑 38% 低谷，但在 2017 年第二季度成功触底反弹。IDC（中信证券研究部）数据显示，2017 年第三季度小米稳定排名第五，小米手机全球出货量 2760 万部，高于 2016 年同期的 1360 万部，同比增长 102.6%，所占市场份额也从 2016 年同期的 3.7% 增加到 7.4%。在 2018 年年初，小米携 2000 亿美元估值准备在香港 IPO 敲钟，而就在 2017 年估值还是 500 亿美元。

估值大幅上升的背后，持续体现了小米社群的运营能力。除了台前的光芒，在台下"米粉"亦给予小米带来切实的经济价值。如 2011 年开始筹建的小米之家，在短短几年时间内，就建立起覆盖全国一、二、三线城市的线下服务网络，拥有近 300 个小米之家、超过 400 个授权服务网点支持 1 小时快修。

地面部队行动如此迅速，迅速到在 2017 年年底约 1 个月时间内就开出 58 个小米之家，其中一部分功劳要归功于各地的米粉在选址、装修、招聘等方面，提供的各种各样的支持。

同样的社群经济效应还出现在知识付费领域，其典型代表是"罗辑思维"。

"罗辑思维"于 2012 年 12 月在视频门户优酷上线。8 个月后，以"爱智求真 积极上进 自由阳光 人格健全"为口号的罗振宇，宣布组建"自由人的自由联合体"，把"罗辑思维"变成中国最大的"知识人社区"。

伴随这个独特社区的诞生，"罗辑思维"推出了所谓"史上最无理"的付费会员制度，普通会员 200 元会费，5000 个名额；铁杆会员 1200 元，500 个名额，并为此打出"爱，就供养；不爱，就观望"的促销"告白"。结果，在不到 5 个小时的时间内，全部会员资格销售一空。成为供养会员，甚至在当时成为一种高人一等的身份标签。更为重要的是，中国内容界，由此开启了"知识共享，然而付费"的全新时代。

"罗辑思维"创立者罗振宇不但运营社群风生水起，还给粉丝经济和社群经济下了一个简单直白的定义：粉丝经济就是"你一个人站在台上，一群人在台下觉得你很牛"；而社群经济是"大家聚在一起，互相之间都觉得是我'牛'"。

社群共享更有效率

艾瑞克·奎尔曼在 2010 年出版的《社群新经济时代》中，认为：脸书、YouTube、推特、Plurk 等社群媒体平台在近年迅速走红。它们不仅仅是聊天、玩乐、打发时间的工具，事实上，社群媒体已经彻底颠覆商业与消费者行为。即时通信功能让成千上万人彼此相连，不仅影响了人们的社交生活，也促成了庞大的社会经济转变，彻底改变消费者与企业之间的沟通与互动模式。

作为一种网络技术发展规律，"梅特卡夫定律"似乎很完美地解释了社群的能量。该定律的核心观点是：网络的价值随着用户数量的平方数增加而增加。这跟我们传统的资源认知相悖，不同于传统资源人数越多，个体获得资源就越少，在社群当中，社群的凝聚能力越大，吸附能力也就越大，相应的资源和价值也就会越来越大。

众筹在很大程度上，就是通过互联网的方式寻找在某方面拥有同一价值体系的部落群体，基于共同认同进行的共享，也更容易获得多赢的回报。比如华为虚拟股权众筹，虽然华为自己并不定义为众筹，但却是一个典型的社群众筹案例。

华为，1987 年在深圳成立，经过将近 20 年的发展，如今已经成为世界通信行业的首席。2017 年，华为公司全年销售收入预计约 6000 亿元人民币，同比增长约 15%，是《财富》世界 500 强企业中唯一一家没有上市的公司，堪称代表中国走向世界的中国品牌。

1998 年，华为公司高层赴美考察期权激励和员工持股制度，一种名为虚拟股的激励制度令人眼前一亮。所谓虚拟股份，就是企业自行"发行"股票，持股人没有所有权、表决权，但拥有收益权，这种方式的好处显而易见，可以不经过证券行业监管者审批，因其未上市，也避免了公开市场的股价波动影响。

2001 年，华为公司股东大会通过了股票期权计划，推出了《华为技术有限公司虚拟股票期权计划暂行管理办法》，开始正式实施期权制度。在华为工作满一定年限的员工，都可以获得一定的期权。在公开的工商登记信息中：任正非拥有的华为股权为 1.01%，剩余的 98.99% 全部为华为投资控股有限公司工会委员会（以下简称华为工会）持有，而构成这个神秘工会委员会的就是华为普通员工。

每年，表现优异的华为员工会被主管叫到办公室里去，他们通常会得到一份合同，告知他们今年能够认购多少数量的公司股票。这份合同不能被带出办公室，签字完成之后，必须交回公司保管，没有副本，也不会有持股凭证，但员工通过一个内部账号，可以查询自己的持股数量。同时，这些员工不会在工商登记上出现，其股权全部由华为工会代持。

经过十多年的连续增发，华为虚拟股的总规模已达到惊人的 134.5 亿股，在华为公司内部，超过 8 万人持有股票，收益相当丰厚。而对公司来讲，这本身也是一种成功的融资方式。自 2004 年至今，华为员工以购买虚拟股的形式通过华为工会增资超过 260 亿元人民币。

反观华为公司的直接竞争对手中兴通讯，其在 A 股上市以来累计募集资金不过 24 亿元人民币。2004 年在香港上市，融资不过 21 亿港元，融资能力高下立判。

社群经济新风口

吴晓波曾解释说，在他眼中，社群是一种基于互联网的新型人际关系。而社群经济是指互联网时代，一群有共同兴趣、认知、价值观的用户抱成团。发生群蜂效应，对产品品牌本身产生反哺的价值关系。

其一，社群能够让消费者从"高速公路"上跑下来，形成真实的闭环互动关系，重新夺取信息和利益分配的能力。

其二，社群让互动和交易的成本大幅降低，从而令优质内容的溢价得以实现，而消费者的支付也得以下降。

其三，社群能够内生出独特的共享内容，彻底改变内容者与消费者之间的单向关系，出现凯文·凯利所谓的"产销者"。

在社群内部，流动着一种看不见的"信任共享货币"，这种货币能够让社群内资源快速流通交互，能够被社群接纳的品牌或产品，社群自然为其拥趸。这种双向互动的所谓蜂群效应，是很多品牌企业所梦寐以求的效果。而社群经济，也被看作是未来互联网经济生态的大趋势。

毫无疑问，伴随传统渠道垄断格局不断以及多元性、多样化、多平台交叉作用的影响之下，追求个性、注重口碑的新决策模型正在建立，而社群正是这种决策模型的主要载体。他们在同一标签之下的"内部"，彼此融合，用"信任货币"高效交互，实现商业价值的瞬间放大。

艾瑞咨询和网易严选在 2017 年 12 月联合发布的《"新消费"趋势下社群发展白皮书》(以下简称《白皮书》)，用数据说明了社群经济的"硬实力"：

首先，网易严选超过一半的用户是通过口碑获得的。截至 2017 年 10 月，网易严选核心粉丝数已经达到 2000 多个，社群数量接近 100 个。而核心粉丝来自于网易严选官方网站的甄选家入口，是一群有着明确参与网站选品过程，并且具备活跃、优秀、有所见解标签的用户。筛选之后的粉丝再根据兴趣划分小组，通过兴趣筛选，进而形成严选社群。

社群组织产生的信息是新人群进行消费决策的重要依据。报告指出，作为社群组织的典型人群，社群活跃人群的特征表现为：性别分布均衡，以 80 后、90 后人群为主；集中于经济水平发达的地区，以一、二线城市为主；家庭月收入水平较高，消费能力强；社交活跃，乐于分享，大多是社交圈中的意见领袖；对生活品质的要求高。严选的社群，基本雷同于当年小米的"铁粉团"。在可预见的未来，经营企业社群，将成为公司运营不可或缺的组成部分。

艾瑞资询与网易严选的《白皮书》告诉我们，消费资讯和消费决策、社群意见正在充当主导作用（见图3-4）。

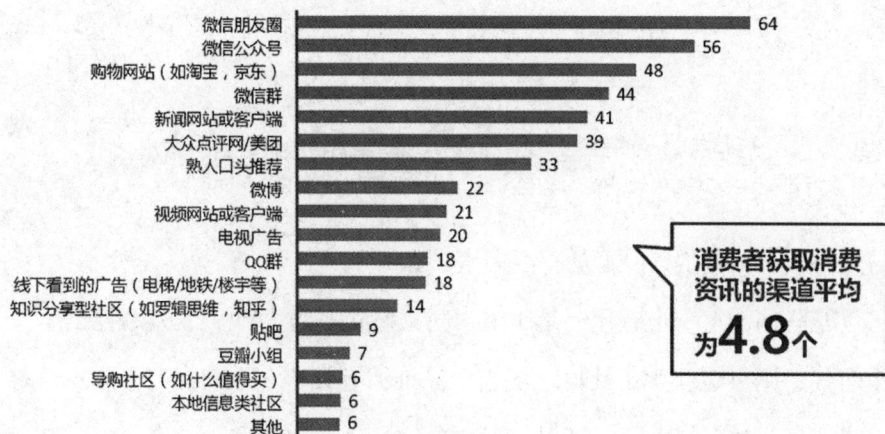

图3-4　2017年中国网民获取消费资讯的渠道（%）

资料来源：艾瑞咨询与网易严选联合发布的《"新消费"趋势下社群发展白皮书》

上述数据表明，获取消费资讯的渠道多元化，在进行消费决策时，对品牌广告和单一购物平台的依赖度大大降低。相反，熟人口头推荐、微信群、微信公众号等社交渠道的获取来源大大增加（见图3-5）。

在现实消费当中，超过七成消费者认同"相比广告，我更相信口碑推荐"；促使用户在应用内购买商品的第一驱动因素是"朋友或网友的分享推荐"，也就是社群内的"信任共享货币"。即使排名第四和第五的因素，也都与交流和推荐有关。移动社交内的购买行为印证了社交或口碑传播对于购买的强大驱动力，社交关系链对消费决策的影响逐渐增强。

与之对应的是，社群的渗透性已经到了"十分普及"的程度，超过九成的社群活跃者会通过社群获取购物信息，除了常规的熟人社群外，兴趣

"相比广告，我更相信口碑推荐"
认同度打分(%)

非常符合我的观念 47
有些符合我的观念 26
中立 19
有些不符合我的观念 4
非常不符合我的观念 4

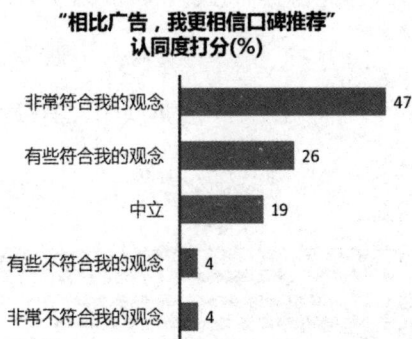

图 3-5　2017 年中国网民消费决策数据
资料来源：艾瑞咨询与网易严选联合发布的《"新消费"趋势下社群发展白皮书》

分享是吸引他们加入社群的重要因素（图 3-6）。

　　互联网的上一个时代，是属于"国家模式"的 BAT 们；互联网的下一个时代，则可能诞生于社群经济当中。谁拥有社群，谁就拥有未来；谁打造出"信任共享货币"，谁就拥有社群。

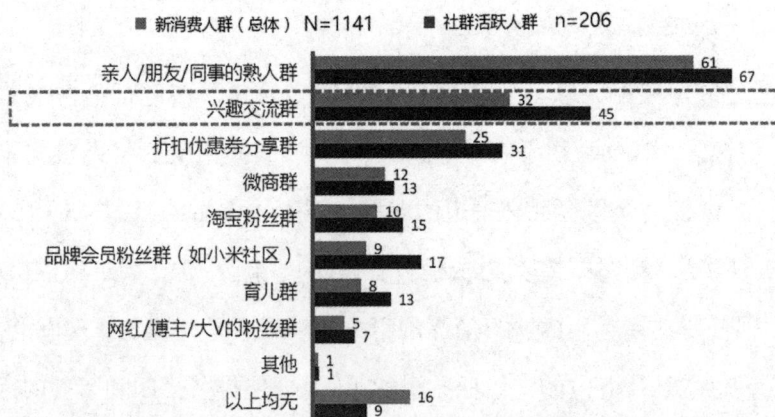

■ 新消费人群（总体）N=1141　■ 社群活跃人群　n=206

亲人/朋友/同事的熟人群 61 67
兴趣交流群 32 45
折扣优惠券分享群 25 31
微商群 12 13
淘宝粉丝群 10 15
品牌会员粉丝群（如小米社区） 9 17
育儿群 8 13
网红/博主/大V的粉丝群 5 7
其他 1 1
以上均无 16 9

图 3-6　入群数据统计（%）
资料来源：艾瑞咨询与网易严选联合发布的《"新消费"趋势下社群发展白皮书》

Chapter 4

共享金融的核心价值

金融的现代化发展到目前为止基本经历了三个阶段：传统金融的互联网化、互联网金融和共享金融。三者虽然是递进关系，但在现在的中国，三种状态出现在同一空间当中，说明金融产业的激变是以一种新旧复合的方式进行的。

共享金融作为现代金融的一个新高点，其核心的价值是通过金融普惠、脱媒的方式，为全社会参与者带来更为高效、平等、民主的金融服务。共享金融，首先是一种价值观，就像诺贝尔和平奖得主、孟加拉乡村银行总裁尤努斯教授所说：信贷权是人权。就是说，每个人都应该有获得金融服务机会的权利。只有每个人都拥有金融服务的机会，才能让每个人有机会参与经济的发展，才能实现社会的共同富裕，建立和谐社会与和谐世界。

第一节　普惠是共享的起点

在蚂蚁金服官网上，对"普惠金融"的陈述是："在蚂蚁金服看来，普惠金融的题中之义，在于给所有具有真实金融服务需求的个人或者企业，提供平等的无差异的金融服务。这源于蚂蚁金服自支付宝成立以来十多年的实践，也源自发展中国家尤其是中国普惠金融的现实。基于这样的现实，蚂蚁金服以支付宝等产品服务为基础，面向最广大人群提供互联网金融服务，利用大数据、云计算等技术，使用户具有平等的金融服务可获得性，大大扩展了普惠金融的惠及范围，提升了服务的效率。"

普惠金融是针对传统金融存在的金融排斥现象提出的金融服务定位，普惠金融希望让长尾客户享受到更多的金融服务，建立惠及民众的、能有效全方位为社会所有阶层和群体提供金融服务的体系。因此，在共享金融的大框架中，普惠的定义也是其基本的属性。

普惠不介意于"小"

向小散、小微、小额服务，是共享金融普惠化的重要特征。尤其近年伴随移动互联、大数据、即时支付体系、互联网征信体系的逐步完善，向"小"服务，也成为现代金融的科技技能。

2013 年上线的余额宝，就是凭借"小"的力量，让自己迅速成长为"大象"的。凭借 1 元起购、T+0、转入即可见、点击即买等特点，余额宝实现了零门槛的便利使用，成为小散理财界的一股清流。自此之后，余额宝逐渐成为国内资管规模最大、客户数最多的货币基金，并持续保持客户数高速增长：2013 年年底 4303 万人、2014 年年底 1.85 亿人、2015 年年底 2.6 亿人、2016 年年底 3.25 亿人；截至 2017 年 6 月 30 日，余额宝持有人户数约为 3.69 亿人，其中个人投资者占 99.8%，平均每户持有人基金份额为 3885 份①。

可以说，余额宝的出现从整体上改变了中国金融的普惠生态环境。相伴而生的还有货币基金的吸储能力出现惊人增长。中国证券投资基金业协会发布的数据显示，截至 2017 年 11 月末，公募基金总管理规模达 11.41 万亿元人民币，创下历史新高，较 2016 年 11 月末规模增长 3.14 万亿元人民币，增幅近四成。但是，公募基金规模增长全靠货币基金。数据显示，货币基金管理规模从 2016 年 11 月末的 3.91 万亿元人民币增长至 2017 年 11 月末的 6.80 亿元人民币，规模激增 2.89 万亿元人民币，货币基金规模增长占公募基金合计增长规模的 92%。这样的增长量，应当归功于各类宝宝产品的普及和小散们的力量。

截至 2017 年年底，余额宝平均每账户理财金额约 4000 元人民币，"小额"依然是其主要特征。尤其在新的监管规定出台之后，余额宝账户上限由 100 万元人民币降至 25 万元人民币再降至 10 万元人民币，单日转入上限 2 万元人民币，这些监管特征也是明确的指向：此类产品的普惠初心，服务于中小理财群体。

---

① 《中国经营报》：《天弘基金：用户为本科技为先　做普惠金融坚定践行者》，2017 年 10 月 22 日。

"小"同时也是一种古老但有用的风控手段。小额，多数时候也对应着小风险，近两年在市场异军突起的消费小额借贷，就是针对这样的模型发掘出的庞大市场。小，有时也是大。公开数据显示，蚂蚁花呗的户均消费金额约为 700 元人民币，用户可享受最长 41 天免息期及分期还款服务。借呗的笔均贷款金额约 3000 元人民币，日利率在万分之 2.5 至万分之 4 之间，年化利率低于 14.6%，小额、分散、低利率特点鲜明。基于明确场景和风控能力，花呗、借呗上线三年，不良率保持在 1% 左右[1]。

从 2013 年到 2017 年，经过短短 4 年的发展，中国金融服务的覆盖能力倍数级提升，普通民众对金融产品的选择空间也在不断扩充，对投资风险的认知能力也在迅速提升。因此，"小"还是市场发展后基于自我风控和分散投资需求产生的一种市场现象。

艾瑞咨询发布的《2017 年中国网络借贷行业研究报告》显示，中国 P2P 人均投资金额在 2013 年是 20.6 万元人民币，到 2014 年达到高点的 25.6 万人民币后就一路下行，2016 年跌破 20 万元人民币，到 2017 年已经不足 15 万元人民币。而且，未来还会持续降低。与之相反，投融资人数却在持续增加。

普惠应遵从于"众"

从"宝宝类"产品开始，中国已经进入了全民理财时代，每一个移动客户端的背后，几乎就是一个理财客户。2013 年上线的余额宝，经过 4 年的成长，用户数据约为 3.69 亿人，其中农村地区用户过亿。其竞争对手腾讯理财通，在 2017 年年底用户规模也达到了 1 亿人。而网贷借贷用户数

---

[1] 中国证券网：《蚂蚁金服豪掷82亿 蚂蚁小贷平台注册资本增至120亿》，2017年12月18日。

量，在 2017 年已经超过 2 亿人。

现代金融的服务能力越高，其服务半径也就越大。以消费金融为例，国内移动大数据监测平台 Trustdata 在 2017 年 10 月发布的《2017 年 Q3 中国移动互联网行业发展分析报告》显示，2017 年以来，消费金融类应用用户规模增长态势良好，截至 2017 年 9 月份，消费金融日活用户同比增长超过 3 倍，峰值超过 370 万个用户。消费金融中的现金贷用户规模快速增长，同比增速超过 200%，截至 2017 年 9 月，现金贷类应用月活用户规模为消费分期的两倍。更有意思的是，Trustdata 通过对消费金融用户的进一步分析发现，消费金融相关的 APP 推广效率普遍偏高，用户安装应用后 30 日未卸载比例超两成。该数据远高于同期的其他类型 APP 数据，这也从侧面说明广众对金融类服务的接受程度普遍高于其他。

因为现代金融是以更加便利和贴切的服务为切入点的，这使得金融服务出现了"上浮"和"下沉"两个特征。

"上浮"，指的是金融服务向大龄人群的覆盖能力在逐步增强。2017 年 10 月，阿里数据联合支付宝、虾米音乐、飞猪发布了一份《爸妈的移动互联网生活报告》，其数据显示："爸妈"们的余额宝人均账户金额为 7000 元人民币，跑赢了总体人均金额的 4000 元人民币。截至 2017 年 9 月 30 日，数据与 2016 年同期相比，50 岁以上的余额宝用户已经增长了近 40%。"爸妈"理财的手段和能力，都在快速提升。

与之相应的金融服务"下沉"，则是新崛起的 90 后阶层，对消费金融产品的使用程度越来越高。根据马上消费金融的一份公开调查数据显示，80 后、90 后是消费金融的借款主力人群，其中 90 后占据总用户数据的 47%，80 后紧跟其后占 36%。2017 年，互联网消费金融交易规模达到了 8933.3 亿元人民币，环比增长了 146%。

普惠追求于"美"

金融的本质是为风险定价，但这并不代表任由风险"裸奔"于世。共享金融要达到真正的普惠目的，首先应使生态环境达到健康要求。2017年，被认为是互联网金融的合规之年，各类金融平台几乎一夜之间结束了泥沙俱下的混乱模式，各类借助现代金融进行的非法集资、校园贷、违规现金贷等，都被截留在2017年。

在P2P网贷行业，2017年年初《网络借贷资金存管业务指引》和《网络借贷信息中介机构业务活动信息披露指引》相继发布，加上2016年发布的《网络借贷信息中介机构业务活动管理暂行办法》《网络借贷信息中介备案登记管理指引》，网贷行业"1+3"制度框架基本搭建完成。

2017年12月《关于做好P2P网络借贷风险专项整治整改验收工作的通知》下发，通知在明确了验收标准后，还要求各地在2018年4月底前、最迟6月末之前全部完成辖内主要网贷机构的备案登记工作。

随着监管制度的健全，P2P网贷行业的银行存管、备案、信息披露以及发展路径都已经有法可依，类似e租宝事件将会被遏止于摇篮。据网贷之家研究中心不完全统计，整个2017年已有553家平台上线银行存管系统，占上线总数的83.26%，是2016年全年上线总数的5.32倍，接入银行存管的速度加快。

在网络小贷行业，2017年11月21日，央行发布《关于立即暂停批设网络小额贷款公司的通知》："自即日起，各级小额贷款公司监管部门一律不得新批设网络（互联网）小额贷款公司，禁止新增批小额贷款公司跨省（区、市）开展小额贷款业务。"12月1日《关于规范整顿"现金贷"业务的通知》发布，针对小额贷款公司资金来源，"要求以信贷资产转让、资产证券化等名义融入的资金应与表内融资合并计算，合并后的融资总额与资本净额的比例暂按当地现行比例规定执行，各地不得进一步放宽或变相放宽小额贷款公司融入资金的比例规定。"12月8日，银监会下发《关于印发小额贷款公司网络小额贷款业务风险专项整治实施方案的通知》，重点排查和整治网络小贷公司，涉及审批管理、经营资质、股权管理、融资端及资产端等11个方面，并要求在2018年1月底前完成摸底排查。其中，关于"小额贷款公司是否主要以自有资金从事放贷业务，是否进行非法集资、吸收或变相吸收公众存款"也是排查的重要方面。

以上三份文件，可以说以迅雷不及掩耳之势，对网络小贷进行了大刀阔斧整治，暂停牌照批设的同时，直接终结了小贷杠杆的可能性。网络小贷在2018年直接开启了存量时代。

现金贷业务，则在一年的时间内走完了生命周期。2017年年初还是风口，到年尾12月1日《关于规范整顿"现金贷"业务的通知》（下文简称《通知》）发布。《通知》规定，暂停发放无特定场景依托、无指定用途的网络小额贷款，逐步压缩存量业务，限期完成整改；未依法取得经营放贷业务资质，任何组织和个人不得经营放贷业务；各类机构以利率和各种费用形式对借款人收取的综合资金成本应符合最高人民法院关于民间借贷利率的规定，禁止发放或撮合违反法律有关利率规定的贷款；银行业金融机构不得以任何形式为无放贷业务资质的机构提供资金发放贷款，不得与无放贷业务资质的机构共同出资发放贷款。这表示现金贷两端资金均遭到严格管制，该行业不但暴利时代一日终结，业务模式也必须经历巨大改变以适应政策要求。其他，如校园贷被一律叫停，ICO被定性为违法犯罪，金交所产品被违规叫停等。监管政策的密集发布，在一定程度上降低了整个行业的活跃程度，但短时间损失的活跃度，会得到行业可持续健康发展作为报答。毕竟，普惠的首要条件，是安全。唯安全，是为美。

第二节　金融脱媒是方向

互联网金融的崛起带动了一波"金融脱媒"的小高潮，去中介化被认为是普惠和现代金融的一个重要特征。那么，金融脱媒到底确指何物呢？从狭义上说，单指在金融活动中淘汰银行这个中间机构，也就是去银行化；从广义上说，则指在金融活动中，将所有的金融中介都予以淘汰，资金需求方和供给方能够无缝化交易，也就是金融的 P2P 化。

媒介史，即为金融史

然而，常识告诉我们，金融的发展历史，在本质上完全可以看作是金融媒介的发展历史。耶鲁大学教授、北京大学经济学院特聘教授、新金融家联盟学术委员会主任陈志武先生曾在《经济观察报》发表题为"互联网带来金融脱媒吗？"的文章，用长篇幅的金融史说明这个观点：人类历史的金融起点就是纯粹的 P2P，只是伴随着金融发展的需要，才不断出现新媒介，每个媒介的出现，都让金融的服务能力和服务半径扩大。

以股票类交易为例，它起源于 16 世纪英国伦敦，那时的交易方式是有兴趣参与此项交易的双方在咖啡馆里直接面对面完成交易。没有交易所、券商、投行这些金融中介，股票交易的效率和能量当然也都是极低的。伴随交易所的出现，在大概百年时间里伦敦成为世界金融中心，交易所上市的公司通过交易市场及投行中介，可以在全欧洲乃至世界范围内筹集资金。此后，美国成为世界金融中心，美国纳斯达克证券交易所也成为全世界最具活跃性的新兴市场，交易量惊人。公开信息显示：美国纽交所和纳斯达克这两个主要交易所的合计日成交量最高纪录出现在 2006 年 10 月 20 日，当时的成交额为 2328.273 亿美元（按当时汇率计算，约折合人民币 18392 亿元）。这是技术的力量，但也是中介的力量。

正是金融中介的出现，将社会资本最大程度上进行了集约，实现了规模化，这在世界金融发展史上对应的就是美国公司大并购时代，也就是伟大的金融投行巨鳄 J. P·摩根的辉煌时期。

1892 年，摩根通过其手下投行公司"摩根大通"，将"爱迪生通用电气公司"和另外一家电气公司合并，组成了今天还存在的通用电气公司（GE），并拉开了美国经济的托拉斯序幕；1901 年，摩根又以 5 亿美元天价（同年美国联邦政府财政收入为 7 亿美元）收购美国钢铁公司，并以此为基础组建了世界上第一个市值超过 10 亿美元的公司，其产量曾一度占美国钢铁行业生产总量的 75%。摩根的并购行为，不仅创造了人类公司规模的奇迹，同时，摩根也通过投行的信用增强方式，改变了作为金融中介的券商模式和可以实现的融资量，让华尔街时至今日仍旧作为世界经济的心脏在跳动。

金融中介的存在，不仅用更强大的能力在调用和重新支配社会资本，还改变了世界经济形式。但归根结底，金融中介存在的最大必要性和价值，是其代表和增强了金融信用。

现代金融脱媒的障碍

互联网金融的出现，的确在一定程度上起到了金融脱媒的作用。例如互联网借贷自国外创新出现，即以 P2P 的形式存在，其本意是通过现代发达和便捷的互联网技术，实现点对点、人对人的直接交易。

然而，以互联网为代表的现代金融，还不能完成金融的完全托媒，甚至在某些领域恰恰相反，不但没有减少金融交易的链条，还进行了增加。在现有的技术条件和金融生态环境之下，金融脱媒仍旧是镜花水月，在很多语境下的金融脱媒，不过是金融去牌照化的一种说法。

互联网金融在最开始高歌猛进发展之时，确实是一片无门槛无牌照的狂欢之境。然而，在这个短暂的"金融脱媒期"内，我们得到的硕果不仅包括了现代金融的大发展，还有各种非法集资、平台风险失控、老百姓血本无归的一地鸡毛。另一方面，伴随着我国借贷市场"刚性兑付"的传统，这些脱媒的互联网金融，又纷纷通过第三方增强信用的方式来拉长交易链条增加交易成本。结果，金融脱媒所追求的交易成本无限降低并没有达到，但风险的无限膨胀，却充分地得以体现。

因此，在经历了 2015~2016 年的狂欢之后，2017 年政策全面收紧，互联网金融几乎再次集体进入牌照时代。金融脱媒之路在看似迈出的大步之后，又老老实实退缩回来。

以 P2P 网络借贷为例，伴随 2016 年《网络借贷信息中介机构业务活动管理暂行办法》出台，中国所有 P2P 借贷平台在法律上都应只是"信息中介"平台，而到 2017 年 2 月，银监会发布《网络借贷资金存管业务指引》之后，网贷平台资金第三方托管亦成为存在的必然条件。换言之，在同样的借贷业务环境内，P2P 网贷和传统银行体系的理论业务成本都包括资产获取成本、风控成本以及资金获取成本，但由于 P2P 只是信息中介，没有归集资金的能力，所以还要增加资金托管成本。

互联网金融时至今日，不但没有脱媒，还在现实意义上增加了金融媒介，在某些产品上提高了交易成本。

共享金融去媒介化方向

未来金融属于共享金融，而共享金融应当是真正的脱媒金融。互联网金融未竟之业，可能由共享金融来完成，那应该是一个无须中介，交易成本最低，同时风险也不会失控的交易场景。

这种存在依靠的当然不是政策，而是技术；确切地说，应该是大数据和线上征信体系完备之下以区块链为基础架构的新金融体系。

区块链对于金融的核心价值，就是其去中心化和不可修改的特性，这两大特性决定了建立在区块链之上的新金融将从底层设计改造目前以银行和国家信用为基础的传统金融。区块链共享金融的意义在于，使所有交易和记录储存不再需要一个外在强力进行信用维护，人们在区块链之上交互信息，而且是绝对真实的信息，那么金融媒介最核心的信用价值就不存在了，人们可以实现 P2P 的直接交易。因为在此种场景下，信用不再来源于中介，而是来源于交易双方本身。

所以说，共享金融的高阶呈现，自征信系统的建立是一个基础条件。这也是整个金融不可逆转的发展方向。全世界最主要的金融机构和金融科技公司都在投入巨资对区块链技术的金融应用进行研究，国内从 2016 年起，以招商银行、民生银行为代表的传统金融机构和以蚂蚁金服、京东金融和百度金融为代表的金融科技企业开始探索区块链技术的金融应用场景，其中涉及多个应用场景，如跨境金融、资产证券化、保险、票据、供应链金融等领域。

近期国家政策对 ICO（首次代币发行）和数字货币的打击，并没有降低人们对区块链的热情，2018 年 1 月 9 日，一个关于徐小平极力推崇区块链的内部分享文刷爆朋友圈，根据截图显示，这位知名投资人在一个 500 人的投资群里发言说："区块链革命已经到来，这是一场顺之者昌，逆之者亡的伟大技术革命。要主动拥抱区块链技术，不要临渊羡鱼也不要隔岸观火，要冲到这个行业里面去，赶紧研究赶紧行动。"其后，徐小平更用一个比特币作为奖励"悬赏"泄密者的方式，将该事件推上了高潮。

在敏感的资本市场上，区块链则有起死回生的神效。2018 年 1 月 2 日，人人网公司发布 RRCoin 白皮书，宣布将推出区块链项目"人人坊"以及代币"RRCoin"，发布后公司股价大涨。1 月 8 日，人人网被监管部门约谈，其推出的 RRCoin 项目被按下暂停键，公司股价在 6 个交易日内暴跌三成。

2018 年 1 月 3 日，拥有 130 年历史的伊士曼柯达，发布公告称，将与 Wenn Digital 公司共同发布数字货币"柯达币"，公告发布当日，该公司股价涨幅高达 119%。而自 2018 年以来，股价累计涨幅高达 245.16%。

这些在概念之下骤然扑来的"升值"，虽然无法摘掉"泡沫"的帽子，但也从另外一个层面真实证明了区块链的价值，而且是立刻变现的价值。区块链对于今日的社会和金融，就像 20 世纪 90 年代的互联网，谁也说不清楚这一事物的未来，但人们都认为那是一个"硕大"的未来。

有人说，区块链技术是互联网金融的终局，那么，将来也许会有人会这样定义：区块链是共享金融的开局。

第三节　高效是共享金融的目标

在生态的进化链条上，任何一种新物种的出现，都是对旧物种的淘汰。共享金融取代"前辈"的位置，也只有一种方式——更加高效。所以，更高、更快、更强，永远是竞技精神中的核心，也是虽然原始但依然主流的"自然选择"铁律。

协作和降耗是主旋律

要使共享金融提升效率，协作和降耗将是主旋律，而达到这一目标最重要的一点，就是等待重要的那一天：金融要素能够无间交互和流通的一天。比如数据、技术、人才、政策红利等各种显性和隐性资源。

以数据共享为例，众所周知，数据是每个金融机构的核心资产，是产生利润的核心资源，任何金融机构都将之视为生命线，泄露数据就等同于丢失市场。因此，在传统生态中，数据的自由交互是无法达成的，尽管这明显损害了金融的整体效率，但在过去却是金融个体组成机构得以有效存活的屏障。未来，或者说现在，这个屏障正在被打破，数据共享带来的高效金融时代即将拉开大幕。

英国政府的竞争和市场委员会 CMA（Competition and Markets Authority）

在 2016 年开始主导开放式银行（Open Banking）计划，经过近两年准备，2018 年开始在英国大银行逐步实现。

欧盟 2016 年通过支付服务规划 2（Payment Service Directive 2，PSD2）法令，规定在 2018 年 1 月 13 日起欧洲银行必须把支付服务和相关客户数据开放给第三方服务商。

美国因著名的《多德－弗兰克法案》而成立的消费者金融保护局（Consumer Financial Proectection Bureau，CFPB），2016 年 11 月就金融数据共享广泛征求社会意见。在经过一年研究后，于 2017 年 10 月 18 日 CFPB 发布金融数据共享的 9 条指导意见。

其他还有澳大利亚、新加坡、日本、韩国等，都推出了金融数据共享战略。显而易见，这是一项由各国政府推动的监管政策变化，方式方法各有不同，但核心理念是相同的，即通过金融数据共享，提升金融数据的完整性和准确性，最大限度促进数据生产力转化能力，最终实现金融效率和社会效率的最大化。

数据流通，对金融界的影响，被《经济学人》称为"地震"。作为这场"地震"的"后果"之一，传统金融和金融科技公司将会展开更深层次的协作和竞争，各个银行小心积累起来的那些最具含金量的金融数据，将被高效技术重新解析，而后焕发出无限活力。传统金融和现代金融借此完成透彻的拥抱，这代表了新旧资源的对接和融合，是旧世界和新世界的大和解。

在中国，数据共享的政策虽还未出台，但新旧金融的拥抱早已开始，在 2017 年 6 月前后，四大行"站队"中国金融科技公司代表 BATJ，就足以说明，双方阵营在历史的拐角早已"心有戚戚焉"。

FinTech 成为内生动力

金融效率的任何一次跃进，都离不开技术的进步。

从实物货币到金属货币的进化，源于冶炼技术的进步；从金属货币到信用货币的进化，依赖于造纸和印刷技术的发展；从信用货币到数字货币，则仰赖现代网络信息科学及相应技术的诞生。每一次技术的巨大变革，也必将迎来金融效率的倍数提升。

现在，我们所处的时代，是一个技术迅疾发展的时代，数字金融相应技术的应用，将为共享金融的效率最大化提供基础设施和实现手段。我们之前多次提到，共享金融的核心价值之一是对所有社会组成单位提供有效覆盖的金融服务，而以技术发力的现代金融不但在达成这一目标，还在大大提高达成的效率。

仍旧以小微企业融资为例，来自蚂蚁金服的数据显示，小微企业融资面临的主要困难中：缺少小微企业征信评价，因此无法快速完成贷款评估，获得更多贷款，占比 31.47%；缺少抵押和担保占比 28.2%；融资成本高占比 11.68%；手续烦琐占比 10.49%；缺少可供查证的资金流水记录等占比 6.76%。而 40.63% 的小微企业融资成本在 15%~30%；6.86% 的小微企业融资成本在 30%~60%；1.27% 的小微企业融资成本在 60%~90%，参与调研的小微企业还有 282 家（占 0.59%）融资成本在 90% 以上。融资不仅难，而且贵。

阿里系网上银行开展业务两年后，为全国 31 个省（直辖市、自治区）的 350 万个小微企业提供接待服务，累计 1971 亿元人民币的贷款中，季度平均贷款不良率始终保持在 1% 以下，领先全球。而这个成绩是由 3 分钟申请、1 秒钟放款、全程零人工介入的技术支持来达成的。

共享金融的核心价值

技术，让共享的效率在以秒为单位进行服务内容计量，这是人工时代所无法完成的成绩。尤其伴随人工智能在金融领域的应用，甚至会大大降低"人"这一角色在该领域的存活能力。

在 2016 年 3 月 19 日，围棋冠军李世石被阿尔法狗（AlphaGo）击败的那一刻起，比人类更智能的新物种便诞生了。虽然，这款所谓"人工智能"在更大程度上更像是"人工弱智"，但建立在数学和虚拟业务基础上的金融世界，即使是"人工弱智"，也能秒杀人类生产力。

2017 年 3 月，摩根大通开发出一款金融合同解析软件 COIN，用几秒的计算代替之前律师和贷款人员每年花费 36 万个小时才能完成的工作；4 月，管理着近 5 万亿美元财富的黑石集团传出消息将裁员 400 人，或用 AI 代替；在距纽约曼哈顿一小时车程的"对冲基金之城"格林威治，那里即便收益较好的对冲基金公司，也正在越来越多地使用智能机器。格林威治经济顾问委员会主席詹姆斯·埃尔罗感叹："人们工作更加努力，但是收入却比以前少了。"以前那些奖金达到 100 万美元的基金经理人，现在的收入可能已大打折扣，降至 25 万美元左右。

一位基金投资管理者将人工智能的威力做了形象比喻："投资选股，就像在海滩上找螃蟹，人类投资者翻 100 个石头找到螃蟹的概率应该在 10% 至 20%，但 AI 能在一秒钟之内把海滩上的石头翻一遍，并把螃蟹一洗而空。"所以，高效的金融共享始于人工智能等新技术的应用、金融的资源分配，从人与人互动进化到了人与机器互动。机器通过数据分析，可以秒速识别每个人的理财偏好，通过各种模型的调用瞬间完成对风险、期限、结构的配置，形成一套甚至数套方案，以供选择。

当越来越多的人将金融服务职能交予人工智能，金融服务的成本会大大降低，效率会大大提高。当 AI 金融共享于全社会群体时，高效服务效益由全社会共享，理财收益将最大化地趋于平均。这在某种意义上，也是金融平等的一种高级体现。

使用权金融时代

从 2013 年余额宝上线开始，金融在普通民众当中走完了"一个小白的自我修养"过程。到 2017 年 6 月，余额宝规模冲到 1.43 万亿元人民币，比 2016 年年底的 0.8 万亿元人民币激增了近 80%，一举超过了国内吸储能力最强的招商银行。不仅如此，余额宝平台的规模已经占到整个中国公募基金（2017 年 3 月末）9.21 万亿人民币的约 12%。

居民存款像潮水一般涌入这些新型理财平台，银行存款则像海水退潮一般即将裸露出干瘪河床。据麦肯锡对消费者的一项调研显示，随着多样化的金融产品渗透到三、四线城市以及互联网银行的崛起，在快速增长的零售银行业务中，四大行正失去其市场份额，银行存款也面临着更加严峻的流失形势。其中，富裕阶层和北、上、广、深四大一线城市的储户"撤离"四大行现象尤为明显。

存款作为一种最基础的理财方式，正在被越来越多的普通民众所抛弃，不但小额、分散地被余额宝们所集约，所有实物现金也在被集约，支付宝的"无现金"活动虽然被"叫停"，但数字货币、虚拟货币已经叩响了世界金融的门环，当现金消失，居民财富将最大化被各种方便、快捷的理财工具所集约，而越高效的集约就越趋向于共享。

因为，当全社会的财富被全覆盖集约后，财富的所有权权重将逐渐降低，使用权权重则日益升高。钱是谁的不重要，谁在使用这些钱才是决定因素。届时，人类将进入到使用权金融时代。

Chapter 5

商务金融的交叉共享

从广泛意义上说，所有参与经济过程的生产资料都具备双重属性，即商品属性和金融属性。从狭义上说，所有商品都有其金融性的一面，其商品属性和金融属性价值交叉共享，从而创造了超越单纯商品价值之上的资产价值。从某种意义上说，整个金融帝国的构建，就是从商品属性延伸出来的，例如期货。只不过，就个体而言，商品的金融属性因自身差别又呈现出天壤之别的状态。

第一节　商品的双重属性

广义上看，所有的商品都是一项资产，可为持有人提供保值、增值及资金融通的功能，这是商品的资产属性。商品属性和金融属性，是不同商品作为一项资产形式时所具备的共性和差异性特征的具体体现，它们彼此共享，又呈现此消彼长的态势，金融属性增强时，商品属性就会降低。而金融属性很弱的商品，商品属性就会很强。引用"通货膨胀是一种货币现象"这一经典名言，从货币的角度可以把商品的金融属性理解为货币现象在不同商品间的具体体现。

商品的金融属性强弱

商品的金融属性天然具有差异性，由于商品影响价格的因素不同，很多时候同一商品在不同时间段所体现的金融属性强弱也有巨大差异。正因为如此，商品被金融化的程度和状态也存在普遍差异。例如，贵金属的金融属性较重，因此金融化程度相对较高，其次是工业品、常规金属、油化工、橡胶之类，最后是农产品。是什么影响了商品金融属性的强弱呢？普遍认为的因素有以下几种：

第一，商品是否属于可再生资源。

经济规律告诉我们，市场供求决定价格，而价格走势在很大程度上影响着商品的金融投资价值。可再生资源，因其能在较短时间内完成市场的供应补给，且商品短时间内价格上涨越高，补给的力度和广度就更强，那么紧接着供需就会由原来的供不应求转变为供大于求，相应的商品价格也会迅速下降。不可再生资源的供需关系，在一定程度上拥有护城河，可以认为总量有限且定额，即使短时间内因为供应频率变大导致价格降低，从长期看仍旧会因为不可再生无法补给的特征，导致价格持续上涨，除非找到了价格更低的替代产品。

第二，商品的稀缺程度。

物以稀为贵，是金融世界恒定不变的定律。从市场操作角度讲，因为稀缺，导致供应有限，而因为供应总量有限，又会导致价格较容易被市场推动。和田玉、钻石以及普通石块，都是大自然的产物，而它们的价值存在天壤之别，原因就是石块不具有稀缺属性，可以说遍地皆是，而玉石、钻石因为稀少，金融属性就表现得非常强。在全世界范围内，购买稀缺玉石资产，都是一种投资行为。

第三，商品的存储性能优劣。

金融属性强的商品，也一定有较好的存储性（当然，这并不代表易存储的东西就一定具备好的金融属性）。存储性能的优劣，在一定程度上影响着商品的金融属性。例如，黄金和白银，因其不易耗损的特点，被选定为最早的流通货币，时至今日，仍旧是避险类资产首选；而农产品则因其不宜存储的特征，在金融化的道路上走得相对较慢（不宜存储甚至让农产品互联网化之路都步履蹒跚），白糖和棉花作为农产品因其耐储能力好，金融化程度就比较高。

当然，近年来金融世界也在多维度地探索农产品金融化的方式方法，因为很多农产品实际上具备很强的金融属性，特别是一些伴随时间迁移可以自然增值的农产品，可以说天然具备金融属性。此点，在后面章节将详细论述。

第四，商品的流动性强弱。

流动性越强的商品，其金融属性就越强。黄金白银在世界范围内都被当作一般等价物进行交换，被称为世界货币，所以具备极强的流动性。而很多国家货币，虽然有一国信用作为背书，却无法达到像金银一样的流动性，在涉及国际贸易时，就只能以美元之类作为结算方式。

毫无疑问，货币本身也是商品的一种。而商品也在一定程度上具备货币属性，同时根据金融属性的强弱，持有商品资产还被用来进行规避风险、抵制通胀，如黄金。而因为商品的金融属性，使得商品的价格涨跌会呈现出"自反性"特征。即当价格越高时，出于惯性，会持续升高；反之，当价格暴跌时，同样由于惯性，价格亦会持续暴跌。而由于技术的发展，资金反应速度非常快且敏锐，导致这种"自反性"特征在当今社会更加明显和激烈。

黄金，最具金融化的商品

人类在大约一万年前发现了黄金，在充当一般等价物之前，黄金同贝壳、盐、牛之类一样，也是商品的一种。但由于黄金易于分割、不易耗损、容易携带等特征，在世界货币上千年的演化当中，它成功击败所有竞争对手，在 19 世纪末一举成为世界公认货币。这正如马克思所说："黄金天然不是货币，但货币天然是黄金。"

英国在 1816 年成为率先实行金本位的国家，作为一种先进高效的金融政策，德国、瑞典、挪威、荷兰、美国、法国、俄国、日本等国先后宣布施行金本位制。金本位制是黄金货币属性表现的巅峰。世界各国实行金本位制长者二百余年，短者也维持了数十年。1914 年第一次世界大战时，全世界已有 59 个国家实行金本位制，它从金融体制上，帮助人类社会快速交互成为自由的现代商贸社会。

一般来说，金本位制的核心要约内容是：

（1）国家信用背书。由国家以法定重量和成色的黄金铸成金币，在市场上流通，其他金属辅币和银行券可以自由兑换成金币或等量的黄金。

（2）黄金流通自由。准许黄金自由买卖、储藏和输出入国境，私人持有的金块可以交给国家铸成金币。

（3）成为国际结算货币。国家的货币储备和办理国际结算都使用黄金。

（4）汇率直接挂钩黄金。外汇汇率由各国货币含金量确定，汇率波动受黄金输送点限制。

金本位制在当时的经济规模下，在最大程度上保证了货币汇价的稳定，促进了国际贸易的顺利开展。而且由于各国货币发行受到中央银行黄金储备的约束，不会出现过分的通货膨胀，为经济发展提供了一个稳定的基础。

这种情况一直持续到第二次世界大战结束，美国通过布雷顿森林会议建立了以美元为中心的国际货币体系，美元与黄金挂钩，至此，美元取得了等同于黄金的地位，成为世界各国的支付手段和储备货币。不过黄金的缺陷依旧存在，美元的供给刚性使美元同黄金的兑换性日益难以维持，于是先是放弃了黄金固定官价，后又宣布不再承担兑换黄金义务，布雷顿森林货币体系也瓦解了，人类进入纯信用货币时代，黄金非货币化改革由此开始。

黄金作为人类已经使用了四千年的资产，它也几乎是唯一一种可以跨越种族、跨越文化、跨越教育，甚至跨越时空阻隔的国际金融资产，到今天为止黄金还是国际储备的最后形式、国际支付的最后手段。

正如大经济学家凯恩斯所揭示的"黄金秘密"："黄金在我们的制度中具有重要的作用。它作为最后的卫兵和紧急需要时的储备金，还没有任何其他的东西可以取代它。"现在黄金可视为一种准货币，仍旧是世界各国央行的重要储备资产，同时也是被国际所接受的第五大国际结算货币[①]。

关于共享货币的思考

作为世界范围内的一般等价物，黄金可以称之为"共享货币"。第二次世界大战结束后，伴随着金本位的瓦解，共享货币的实际地位受让于美元。但无论是黄金也好，美元也罢，在本质上，它们仍旧是一种商品。然而黄金和美元的金融历程告诉我们，当一种商品被充当为"共享货币"时，它的价值就完全超越了本身作为商品的价值，而拥有"共享货币"生产能力的国家，则意味着可以直接生产一种具备"世界货币"效力的商品，而这种生产力是可怕、可畏又可敬的。

在美元这种纯粹的信用货币诞生之前，国际流通货币都与黄金挂钩，美元代替英镑的国际货币地位时，也是与黄金紧密绑定的，直到长达14年的越南战争国力消耗过于猛烈，美元在黄金储备危机之时，不但没有走向灭亡，反而成功窃取黄金的生命，从此美国找到了一种独特的生存方式，那就是出口美元。

在美元与黄金脱钩之后的40年里，美国GDP飞速增长。从1990年到2008年不过20年时间，美国GDP就已经超过14万亿美元，比1990年翻

---

① 吴明远、李利珍：《LINK 大时代》，中国财政经济出版社。

了一倍。2016 年则已经达到 18 万亿美元[①]。这些 GDP 数字很大部分就是美元带来的，因为美元成本极低。从 1 美元到 100 美元，每张纸币的成本只有 5.9 美分。美国以如此低廉的成本从全世界获得利益，只要美元霸权仍在，美元出口就不会停止，就可以换回全球的实物财富。事实上，美国人也确实是这么做的[②]。

从黄金到英镑，再到美元，国际"共享货币"已经几易其主，谁掌握着"共享货币"的输出能力，谁就掌握着这个世界的霸权。可能正是由于这个显而易见的共识，各国政府才以极大的热情投入到新一代数字货币当中。

使一种货币经营成为世界共享货币，这个国家肯定付出了艰辛努力，相应地，每个共享货币背后，都有一个异常强大的政权对其货币地位进行保护。从这个意义上说，数字货币，那些纯粹诞生于互联网世界的数字货币，是很难获得法币地位的。它的产生并没有国家信用或者说某个强权作为保障，而它的消亡却可能因为某个强权被禁止或限制使用。

如果对此不加限制，并在完全假设的情况下，全世界互联网网民决定在某一天开始使用一种新的数字货币而淘汰传统货币，那么这将是人类历史上最奇特的一次政权革命，因为它是通过网民对共享货币的革新而实现的。

---

① 美国经济分析局数据。
② 乔良：《国防参考》。

第二节　消费品的价值共享

除了货币这种特殊商品之外，很多消费品（如农产品）也天然具备金融属性。它们这方面的特性表现为：伴随着时间的推移，能够实现价格的自然增长，且这种正相关可以持续几十年乃至百年以上。

天然增值的"慢陈化"商品

日常消费品中有一类"慢陈化"商品，就是时间和价格正相关的典型代表。这类产品的主要特点是，陈放时间越长，品质越好，价值越高，在正常情况下，价格也越高。这种正相关性，多半是由商品自身特征和特殊加工方式结合而来，这使得该类别商品天然具备了一定的保值增值能力，其金融属性也较其他商品强势。也就是说，一般商品只有一个品质梯度，而"慢陈化"商品则具备两个，即横向的品质梯度和纵向的时间梯度，且纵向的时间梯度主要决定着这类商品的收藏价值和投资价值。所以，"慢陈化"商品一般有特殊的陈化过程。

以慢陈化代表普洱茶为例，在中国已经经历了四次投资高潮，而其金融价值也主要来源于其慢陈化特性。普洱茶为什么会越陈越香？从技术上解释，普洱茶属于后发酵茶，在陈放过程中，茶叶内含化学成分进行非酶促自动氧化,发生氧化、降解和转化,引起褐色物质形成和香味改变。类酯化合物氧化,产生挥发性成分(2,4-庚二烯醛),从而使茶业具有陈茶气味特征;多酚类化合物、氨基酸、糖类的自动氧化,形成茶褐素和黄褐色聚合物等,从而使普洱茶陈香显露、色泽褐变、茶汤红褐,苦涩物质降低,滋味逐渐趋于醇和。

早在20世纪70年代末,在中国香港、法国和日本就有过一次普洱茶投资热潮,并持续到整个20世纪80年代,到1989年正式结束。而1988年由于大量生产囤积下来的茶叶,在第三次普洱投资浪潮中这批茶叶成为备受热捧的标的,也就是市场上的"88青"。

第二次热潮在1996~2001年,在国家鼓励民营发展建设现代企业制度的改革背景下,很多私营茶企淘得了第一桶金,最终在21世纪被中国香港《壹周刊》以一篇"普洱茶致癌"报道终结。

第三次热潮则是大多数中国人都比较熟悉的2003~2007年,普洱茶被疯炒到匪夷所思的地步,继而降临的是大崩盘。

第四次热潮是最近的2011~2014年,并延续至今被称为"温水煮青蛙"行情。

普洱茶"慢陈化"的特性,使其具备投资价值,但人为的炒作也导致市场崩盘。这也就涉及"慢陈化"商品金融属性的另外一个特性:无论金融价值多高,仍旧是建立在商品价值基础之上,脱离商品价值虚高炒作的结果,市场必将以巨大泡沫予以回报。

当然,作为商品,"慢陈化"商品仍旧受市场供求关系的制约。当供严重大于求的情况下,即使是陈年普洱,其价值也会被数量稀释。

但同时作为商品,其本身作为消费品的属性,在一定程度上又增强了其金融价值属性。从这一点上讲,商品的金融属性和商品属性,确实是彼此共生，互为缓冲。还以普洱茶为例，在第三次投资热潮之前，普洱茶流行的范围是中国西南制茶区，茶马古道沿线地区及珠三角部分地区。经过近年来人们对普洱茶的广泛认知，普洱茶消费逐渐北移，在近年来电商消费数据中表现出色。由京东发布的 2017 茗茶消费大数据显示，普洱茶是增幅最快的茶叶类目，以 25% 的总销售占比排在所有茶叶类目第一名，其客单价也高于传统绿茶、红茶、花茶等。

显然，消费品特征的存在，可以让投资属性有个相对坚实的市场基础，这就像经济中的实体部分和金融部分，当实体呈现良性增长时，金融部分也会呈现相对健康特征，金融和实体彼此互相作用的正向能量亦更加突出。

茅台作为典范

在"慢陈化"领域，近年来真正堪称典范的并不是普洱茶，而是白酒。但又不是所有的白酒都具备良好的市场表现，确切说是白酒中的酱香酒，是出自茅台镇的酱香酒，而茅台则是其中的典范。

茅台镇域内资源独特，微生物体系奇异，具有得天独厚的酿造环境，以盛产美酒而闻名海内外，被誉为"中国第一酒镇""世界酱香型白酒主产区""中国酒都核心区"。其酱香型白酒以"三年贮存，一年生产，第五年销售"为其标准配置，核心 7.5 平方公里酿酒区域，更被称为"中国的波尔多"。

以上说明，在"慢陈化"领域还有另一个重要决定价值的坐标：地域。可以说，大部分慢陈化商品，同时基本上也是地理标识产品。独特的地域生态环境，造就商品独一无二的特性。而地域资源的有限性，又增加了商品的稀缺属性。这样，自然陈化、地标产品、稀缺有限这些特点，最终成为金融属性不断强化的筹码。

回看茅台酒的出厂价，在被贵州茅台董事长袁仁国称为"价格疯狂"的 2012 年，茅台酒出厂价曾经从 619 元人民币提高到 819 元人民币。此后 5 年里，这个出厂价就没有调整过。直到 2018 年 1 月 8 日，贵州茅台宣布茅台酒的出厂价由 819 元人民币提高到 969 元人民币，终端零售价格调整到 1499 元人民币。应声而来的，不仅是茅台酒奇货可居，茅台的股价更是在经历了一年多的上涨后，再次掀起涨价小高潮。

股价突破 500 元人民币，突破 600 元人民币，突破 700 元人民币……在质疑声和赞赏声中，茅台股价一路上行。经过一年多时间，贵州茅台市值增加了近 5700 亿元人民币。截至 2018 年 1 月 10 日其市值已高达 9870.07 亿元人民币[①]，以最新汇率计算，市值已达 1517.54 亿美元。这已经超过世界最大奢侈品集团 LVMH（路易威登），该集团总市值为 1489 亿美元。也就是说，贵州茅台已经是世界第一奢侈品集团公司。

从财务数据看，贵州茅台的营业收入和 LVMH 集团还不是一个量级。以 2016 年年报为例，LVMH 集团营收 2748 亿元人民币，贵州茅台仅 402 亿元人民币。然而净利润方面，差距却并不那么悬殊，LVMH 集团不足 300 亿元人民币，贵州茅台约为 200 亿元人民币。不过最为"神奇"的是在销售毛利率方面，LVMH 集团近两年毛利率均在 65% 左右，而贵州茅台毛利率一直在 90% 附近[②]。

在茅台股价飞天之际，关于茅台酒作为一种商品的价值定位争论，也成为投资者的热点。在中国股市中，茅台作为价值投资代表，其股价是否真实体现着商品的价值呢？知名私募基金经理但斌自始至终高度认可茅台

① 2018 年 1 月 15 日贵州茅台市值越过万亿人民币大关。
② 《券商中国》：《茅台离万亿差百亿　市值超 LV 成全球最大奢侈品公司》。

价值，定出了 1000 元人民币超高的目标；而反方代表，曾在四年前因茅台市值跌破 1500 亿元人民币裸奔但仍旧坚定看好茅台的董宝珍，则认为目前股价已经高出价值基本面，认为茅台股价不值 600 元人民币[①]。

但不管股价是否脱离价值，茅台酒作为一种商品，其金融属性的凸显在一定程度上稀释了商品属性，导致市场囤积居奇。虽然茅台酒的产量近年一直处于放量状态，市场上的茅台酒却常常供不应求，甚至持续缺货，在京东平台飞天茅台一度达到 3 万人预约状态。

鉴于市场热度，2017 年 12 月 28 日，贵州茅台当家人袁仁国就曾表示，茅台酒是用来"喝"和"储存"的，要理智对待价格，茅台酒不是用来炒的。2018 年 1 月 11 日，茅台集团党委书记、总经理李保芳表态："我们希望，茅台的股票是投资者分享茅台价值的载体，而不是短线博弈的筹码；茅台的股价是茅台价值的真正体现，而不是因情绪化跟进，甚至投机性冒进而促成的走高。"

尽管如此，根据金融自反性的特征，茅台酒无论是股价还是商品价格，在一段时间内都会因为惯性持续在高点运行。相应地，茅台股价和茅台酒，在很长一段时间内仍将是人们争相热捧的投资标的。

关于红酒投资

无论是普洱茶的热炒，还是酱香白酒缔造的市场高点，"慢陈化"商品的金融化道路在中国总体上还处于初级阶段，它们的金融属性虽然被广泛认同，但金融价值实现的环境却还原始粗犷。

相较而言，我们可以在世界范围内寻找到一个很好的前辈标的物：葡

---

① 截至 2018 年 2 月 13 日，经历 2018 年 2 月初"算法股灾"后，茅台股价仍旧维持在 600 元人民币以上，未跌破 600 元人民币。

萄酒期酒（也称为酒花），作为商品开发金融属性的成功典范加以研究和学习。

葡萄酒期酒诞生的历史很有趣。在第二次世界大战中，波尔多葡萄产业受损严重，而且法郎持续贬值，直到20世纪60年代才好转。但作为核心酒区，他们拥有一批好酒，只是波尔多红酒出产之后，至少需要储存两年时间才能达到好的口感。这样一来，将这批未陈化到位的酒提前出售，以募集整顿和恢复产业发展所必要资金的方式，成为解决燃眉之急的上乘之策。于是酒商们提前卖出一些酒的份额，并请评酒大师们出马，让他们预测出这些酒的价钱，这样葡萄酒期货和期货的市场指导价格就出现了。

所以，葡萄酒期酒确切来讲，就是指未上市的高级葡萄酒，先以期货形式出售（需要陈酿18~24个月）。购买者认购的期酒是刚进入陈酿环节的新酒，并不能马上交付，通常会放置于酒窖中，直到成熟后才会装瓶出窖，交付给购买者。例如根据波尔多现行的特级葡萄酒生产标准，橡木桶的存放时间需要达到2年。假设酒庄从2014年9月开始采摘葡萄、酿酒，酿造后放置于橡木桶内陈酿大概半年。2015年4月开始，业内专家试饮评分，酒庄陆续公布价格，发售期酒。而到2017年的春天，才开始现货交易。

在整个期货交易过程中，各环节完整的生态要素支撑整个交易良性发展。

其一，交易锁定在标准化体系和规则明晰的法国葡萄酒范围内。

世界上产酒国众多，期酒交易涉及的葡萄酒却主要来自法国（占到90%以上），尤其是波尔多。这是因为，法国酒有历史悠久稳定完善的行业协会组织、分级制度和认证体系。达到投资级别的酒庄和酒的信息相对公开，有严格的质量控制标准和产量限制，规则清楚，产量确定，价格稳定，方便准确预测。这些因素让法国期酒成为一个稳定可控的金融产品。波尔多和勃艮地名庄酒的售价通常会稳步上涨，不像新世界的酒价格大幅波动[1]。

其二，生产者和销售者角色明确，职能清晰，且精益求精。

波尔多的葡萄酒商业控制在葡萄酒批发商（Negociant）的手中。可以说葡萄酒批发商是波尔多葡萄酒经济的中心环节。酒商拥有强大市场话语权，而酒庄则专注于生产。这种体制有它好的地方，波尔多的酒庄就可以集中精力考虑如何把酒酿好，而不需要操心葡萄酒销售方面的问题，更不需要设置专门的人员去搞市场与销售。而作为葡萄酒经销商，则将所有的注意力集中到葡萄酒市场的开拓上面，只需要考虑一小部分酿酒和酒窖管理的问题就可以了。生产者与销售者各司其职，把自己擅长的工作做到最好。

这个体制对于期货链条来说，期货一级市场交易被牢牢控制在实力雄厚的一级酒商手中。一级酒商拿到名酒庄的期酒份额合同后，凭借合同就可以到期酒交易市场上出售葡萄酒期权。二级市场上的葡萄酒期权通常被二三级酒商购买。沿着这个销售链条，通常会伴随一个逐步加价的过程。这样，由期货到最终现货交割，就保障了参与者的梯形利益实现。

其三，专业金融机构积极参与市场构建，并提供专业服务。

从期货的理财功能到最后的现货交割，在英国、美国、加拿大等成熟的葡萄酒市场，都有一条完整的产业链条。其中，银行、会计机构、交易所及其他专业理财公司都参与其中。例如专业红酒信托公司、私人银行等均有涉足，像法国巴黎私人银行和法国兴业私人银行就提供类似的葡萄酒

---

[1] 汪纯:《葡萄酒，作为一种金融产品》,《葡萄酒》杂志 2015 年 5 月刊。

服务项目。

而专业葡萄酒交易市场的出现，则在最大程度上完善了这个链条。1999 年成立的伦敦国际葡萄酒交易所（Liv-Ex），至今已有超过 240 个酒商成员及一些基金在其平台上交易优质葡萄酒期货合约，并参与实物交割，购买者可以匿名或实名通过电话或网络，在每笔交易支付 2%~3% 的手续费后，购入商品。交易由伦敦国际葡萄酒交易所进行确认，他们接收订单后在占地 2500 平方英尺（约 232 平方米）的仓库里对所需葡萄酒的状况、真实性进行核查，确认无误后把它们运送给买方。在酒商可以交易的葡萄酒类型上，伦敦国际葡萄酒交易所不加任何限制，但是 40% 葡萄酒都来自法国波尔多地区的五大名庄：穆桐（Mouton）、拉菲（Lafite）、拉图（Latour）、玛歌（Margaux）和奥比安（Haut-Brion）。

此外，伦敦国际葡萄酒交易所还根据其成交情况，编列伦敦葡萄酒交易所 50、100、500 种酒价格指数和波尔多 100 种酒价格指数，帮助全球投资者及业内人士了解葡萄酒价的变动情况。

正是由于这些重要生态要素的参与及支撑，使得葡萄酒金融交易成为一个健康完整的链条。葡萄酒的商品属性和金融属性，都得到了应有的价值体现。我国目前作为仅次于美国的第二大葡萄酒市场，虽然近年来亦步亦趋也在各地建设类似的葡萄酒交易市场，但至今为止仍处于起步阶段。

第三节　商品证券化趋势

前几年网上有一个关于"月饼金融"的神段：月饼厂商印 100 元人民币月饼券，65 元人民币卖给了经销商，经销商 80 元人民币卖给了消费者 A，A 将月饼票送给 B，B 以 40 元人民币卖给了黄牛，厂商最后以 50 元人民币向黄牛收购。没生产月饼，厂商赚了 15 元人民币，经销赚了 15 元人民币，A 花了 80 元人民币送了名义价值 100 元人民币的人情，B 赚 40 人民币，黄牛赚 10 人民币。看来，厂家不需要生产月饼，只需要印制月饼票就行了。这被称为"月饼证券化"。

且不论上述月饼证券化是否靠谱，近年各种礼品券确实流行了起来，在发达的互联网技术支持下，甚至礼品券都不必印刷，只需一串提货码即可。只要持有的提货码可以退货，实际上就实现了类似的月饼金融效果。当然，这是一种并不被鼓励的"金融方式"。

但在事实上，商品出于对冲风险、融资、溢价收益等目的，在世界范围内都进行着金融化的探索和实践。商品的证券化，也被认为是一种大的趋势。

在 2012 年左右的热潮

在 2012 年左右，中国几乎全域范围内曾掀起一股商品证券化的高潮。

不仅具备"慢陈化"特征的红酒、白酒、黄酒和其他一些农产品被证券化，艺术品、矿产资源、电力等资源，甚至像火腿之类的特色商品也被交易所证券化，进入市场交易。据不完全统计，时年，全国大大小小的交易所有300多家。其"百花齐放"的状态，犹如2014~2016年的互联网金融市场。

在这些类别当中，又以酒类最活跃。截至2012年年末，全国大型酒类产品交易所约有10家，像上海国际酒业交易中心、中国期酒交易市场、北京金马甲产权交易所、北京特许经营权交易所、北京国际葡萄酒交易所、贵州白酒交易所、绍兴黄酒交易所等，白酒、黄酒、葡萄酒可以说品类齐全，从标的物的品牌来说，有高端白酒如国窖1573、知名白酒如古井贡酒、传统黄酒品牌如古越龙山和女儿红等，参与范围可谓广泛。特别是白酒产品，甚至引起了一轮投资大坛原浆白酒热潮。

例如，早在2011年北京金马甲网络交易平台就发售了"国窖1573大坛定制原酒"，发售方为深圳市私享一号酒业有限公司，保管方为泸州老窖藏酒洞"纯阳洞"。发售标的为容量2.5升，每坛价格6900元人民币的大坛原酒。启动认购后，8万坛原酒全部认购完毕，甚至还出现了超额认购情况。

再如2012年4月，安徽古井贡酒股份有限公司就推出了一款"中国强·古井贡酒年份原浆"30年年份原浆酒，古井贡酒股份有限公司、飞腾酒业（上海）有限公司、山东亿点投资有限公司、招商银行、上海国际酒业交易中心，分别作为酒厂、经销商、承销商、银行方和交易平台，共同参与了这款白酒的发行交易。

白酒证券化无疑在当时代表先行者进行了创新和探索，从市场反馈上说，投资者的接受程度呈现出良好态势。普洱茶、野山参、黑茶等一批具备白酒慢陈化增值能力的商品都被开发出来，成为当时农产品证券化发展的典型代表。北京特许经营权交易所也在 2013 年发售了国窖 1573 定制原浆酒、东北野山参、安化黑茶三款产品，在当时极具代表意义。

事实上，商品现货的证券化，在很大程度上将商品的消费属性和金融属性进行了价值共享，特别是促进了商品价值的发现，正如媒体对北京特许经营权交易所（下文简称特交所）发售野山参的报道评价："在特交所发行野山参现货商品，具有多重良好的社会意义及示范效应。第一，帮助中国的人参种植户及人参企业成为中国人参知名乃至著名的专业品牌，改变中国人参没有专业品牌的低层次发展现状，提升中国人参产业的市场地位；第二，通过特交所这个具有公信力的平台，发行数量稀缺的 20 年高端国检野山参产品，以此形成良好的市场定价并发挥示范效应，促进市场逐步形成多层次的中国品牌野山参的价格体系，进而实现稳定的中国野山参市场价格体系；第三，持续提高、维护参农的利益，提高参农的种植意愿、计划性和积极性；第四，促进中国人参产业的持续、稳定发展，促进中国林下经济、林下产业的发展；第五，根据在发行该野山参产品之前的市场调查，类似的 5~7 克的 20 年的国检野山参在品牌中药店里其商品零售价格在 2 万元人民币左右，在产地批发市场也要 6000~8400 元人民币。通过特交所的电子交易平台以 3125 元人民币价格直供消费者和投资者，促进人参这种传统的高价值的滋补食品能以远低于品牌中药店的价格和更加便捷的方式进入到普通消费者的手中，降低消费者的购买成本，也使消费者愿意在消费投资的同时适当增加一些理财投资，在减少中间销售环节成本的基础上，和参农共同分享未来的野山参增值收益。野山参有 20~25 年的生长期，药用价值和价格增幅非常明显，非常珍贵，是消费滋补和投资理财的好选择。也是应该使坚持了 20 年以上不采参，使没有收入的人参种植户和人参专业企业得到更多的利益和实惠。"

当然，与创新和探索相伴生的，总是混乱和疯狂，T+0、杠杆化、多空双向交易、标的份额化等各种形式，一度将这次商品证券化探索，扭曲为"投资绞肉机"变种，使此类交易所和交易中心成为重点监管对象，在此后数年经历了多轮清理整顿。甚至"商品证券化"这个词汇，在此类交易所界成为行业"禁忌"。交易平台的金融属性被逐步剥离，在各种政策的制约之下，交易所逐渐从金融向消费区间蜕化。

商品证券化的普遍性特征

在百度词条上，"商品证券化"是这样被定义的：所谓商品证券化，就是将用于消费的商品通过金融化包装，赋予金融属性后直接转变成有价证券形式。商品证券化把投资者对商品的直接物权转变为持有证券性质的权益凭证，即将直接商品消费转化为证券投资。从理论上讲，商品证券化是对特定商品投资、消费的变革。它的实现与发展，是因为作为消费产品的商品具有内在投资价值的属性，可以和有价证券有机结合。商品证券化实质上是将商品的消费属性和投资属性结合在一起，创造出既可以将持有的对应份额的商品提取实物消费，又可以将所持有的商品份额通过交易变现的一种创新方式。

因此，2012年左右这一波商品证券化所具备的普遍性特征有以下几个方面：

第一，标的物为现货实物，而非期货。现货当中，又以具备较强金融属性的标的物为优。如慢陈化类商品代表白酒、普洱茶、黑茶、野山参等。在陈化过程当中，可以自然增值。其中野山参又是属于较为特殊的，它是"在地增值"，价值随着种植年份增长而增长。此外，还包括稀缺类商品，如贵金属、小众稀缺金属等。

第二，同时实现商品和金融双重属性。即通过第三方平台进行发售后，既可以提取现货进行消费，也可以在电子交易平台上进行转让交易。作为投资产品来讲，其退出方式是灵活多样的，特别是作为商品的消费属性，使商品证券化的投资标的不会像传统证券化产品一样，由于可以实物交割，使得在某些情况下投资属性降低时，购买者仍旧能完整享受标的物的消费品属性。这就使得此类商品发售起始价格尤为重要，也因为这个原因，市场对"低价发售"模式的接受意愿是比较高的。换而言之，最终为消费者保底的，实际上正是商品的消费属性。回归价值本源，其落脚点始终还是商品本身。

第三，由于标的物是具备一定金融属性的，所以，此类商品证券化后的一个特征就是有一个基本的预期收益。在证券化高潮的开始阶段，预期收益就只是预期收益，但由于中国投资理财在当时还整体处于一个"刚性兑付"市场，为了适应市场的需要，提升目标受众接受程度，预期收益逐渐演化为"刚性兑付"的保底回购，即实现一定收益的回购方式。这在一定程度上削弱了商品的消费属性，投资金融属性得到增强。

在实际操作当中，"刚性兑付"因素的引入，虽然迎合了市场，从产品角度降低了风险，但在本质上，却增加了风险。

近年，伴随互联网金融的不断普惠化发展，金融产品，特别是某些特殊类别金融产品覆盖能力越来越强，波及范围越来越广，传统金融时代遗留下来的"刚性兑付"这笔"金融负资产"，开始被整个金融界进行主动清除。"刚性兑付"时代的结束和普通民众对金融风险的普遍认知，在很大程度上优化了整个金融市场。

商品证券化的市场成熟，不仅是参与的金融机构的成熟，更需要整个市场各环节的成熟配套。应该说，一个成熟的市场，是由成熟的产品和成熟的投资者共同组成的。

商品证券化的生态配套

什么是成熟的商品证券化市场呢？总结而言，需要满足以下几个方面：

第一，商品端应标准明确。

商品证券化的起点在于商品，有明确的等级和优劣定位，才能有准确的商品定价。商品本身所拥有的价值，是证券化的基础。而我国进行证券化的商品，标准普遍不够明确，很多商品匮乏标准，而部分拥有标准的也异常简单粗犷。

例如白酒的原酒、原浆酒、窖藏酒、洞藏酒等，名目繁多，作为市场消费者来说无法区分，其价值参考也就无从谈起。从金融端看这些商品，也找不到被普遍认可的价值认同对应标准。在无标准的情况下，难以定价。在有标准的情况下，标准和实际市场运行情况也往往并不对应。可以说，这是商品，尤其是农产品及慢陈化产品证券化的第一困境。

第二，商品端应配置健全的体系。

正如国外葡萄酒期酒，它的金融化是建立在完备体系基础之上的——历史悠久且稳定完善的行业协会组织、分级制度和认证体系。达到投资级别的酒庄和酒的信息相对公开，有严格的质量控制标准和产量限制，规则清楚，产量确定，价格稳定，方便准确预测。

特别是对于酒庄投资级别的认定和信息的公开化，这在源头上实现了商品端的优选控制。而且，尽管葡萄酒期酒市场非常成熟稳定，但也只有少数名酒庄的"酒花"能够成为交易的期酒，而这些酒庄90%都在法国境内，其品牌价值和良好信誉，为产品做可靠背书。

中国实际上也有类似的对标做法，如选择农产品当中的地理标识产品。但地理标识作为一个标准，本身的品牌价值尚且需要市场验证，这是非常遗憾的现状。相信伴随着时间的发展，此类问题会逐渐好转。

第三，金融端应回归商品价值本源。

健康的金融建立在健康的实体之上，从本质上讲金融和消费属性的一一对应，是商品证券化最大的优势，只不过在具体操作过程中，由于整体金融环境缺陷导致最终呈现出的产品更侧重金融投资，甚至在某些不规范的平台演变成为虚拟现货投资，从而完全脱离商品证券化的本意。

回归商品本身，发掘商品市场价值是证券化的初衷，为商品种植出产方规避风险、提升收益，让受众在投资商品的同时享受优质消费品，是市场应该发扬和导向的状态。

第四，整体监管生态完善。

市场的健全当然离不开监管，在中国，监管直接影响了商品证券化的发展进程、方向、结果。事实上，在过去，监管基本决定了这个行业的生死存亡。现在，在整体金融市场走向强监管之时，商品证券化的规则仍在明暗之间盘旋。从 2018 年回望 2012 年的高潮，商品证券化发展得过快，虽然泥沙俱下，但其中的优质成果也将被后来者继承和发扬。

Chapter 6

共享原力与征信系统

伴随着互联网、大数据、人工智能等技术的全面发展，征信将由原来的"部分数据覆盖"扩展为"数据全覆盖"，征信方式将由"单一征信"转变为"多领域征信共享"。征信体系的逐步建立和广泛使用，不但可以在最大范围内促进金融资产支配的高效性和广阔覆盖性，更会促进金融共享的高度便捷性。尤其在互联网金融步入强监管日渐成熟的今天，整个互联网及传统金融生态都将变得更加健康。

与此同时，与人们社会生活具备更强关联性的信用也会实现全覆盖。信用 ID 将是一切共享经济的基础配套，且伴随共享社会的全面来临，信用将成为个人最重要的资产和社会凭证。换而言之，共享社会是建立在完备的征信系统之上的，这一点并不仅仅是金融发展的需要，更是在技术推动下发生的一场人类社会大变革。

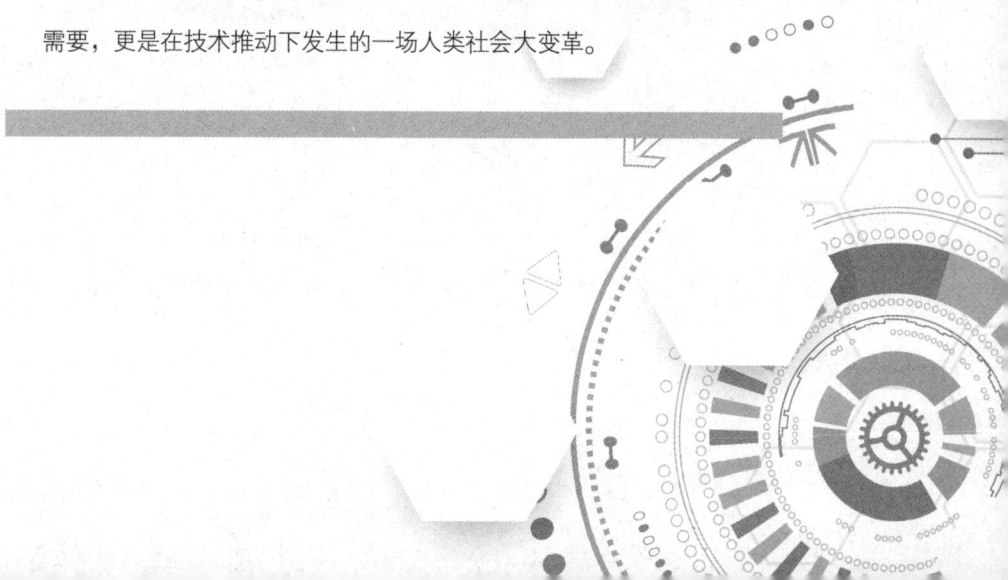

第一节　征信，金融 ID 的最重要背书

金融业由于其特殊的性质，从产生伊始就和信用相伴相生。对于金融业而言，金融信用在金融业的资产中无可置疑地占有首要地位。每一项金融借贷的产生，都有相应的金融信用作为坚实背书。

征信决定共享

自从互联网金融开始萌芽的那一刻起，征信就成为其最关键的环节。因为显而易见，中国征信数据都在传统金融体系之内，其作为金融机构的命脉，被秘密珍藏，绝不外露。那么，有没有可以共享的有效征信信息可查呢？当然也有，据央行公布数据显示，央行共收录 8.6 亿个自然人 1811 家企业和其他组织信息。然而，有信贷数据的只有 3.5 亿多人，剩余 5.1 亿人只有简单的身份信息，并没有其他金融信用数据。另外，尚有 5 亿人根本不在央行征信系统覆盖范围内。就个体而言，整体金融征信覆盖率仅约 30%，而在美国这一数据是 98%。

在这样的国情之下，很多从事互联网金融业务的公司为了抢占市场风口，不得不"裸奔"上阵。其中一部分，亦步亦趋走在自建征信大数据的道路上，但其中绝大多数建的大数据征信实际上都是"小数据"；而另一

部分，就从开始的"裸奔"跑到最后的"裸奔"，风险失控，在生命终结之前，成为很多投机者群起撸之的"口子"。

互联网金融市场的野蛮之象，很大程度上都是由于征信数据匮乏，征信共享生态恶劣所引起的。这其中只有一小部分机构，能在自身闭环系统中整合出相对强的相关数据以维持风控。但对于共享金融真正要追求的普惠、脱媒和高效来说，还有很长的路要走。

毫无疑问，从金融过往历史看，征信是生命；从金融未来历程看，征信仍旧是生命。而且征信的共享程度，在本质上决定了共享金融的发展程度和发展质量。征信体系的建设，最终获得的是金融的无差别共享和有差别服务。

无差别共享，是指每个人或者企业都可以根据自己的征信获取金融服务，这是真正的普惠金融根基，从而弥补当下金融环境中，一些传统征信空白人群无从获取金融服务的缺憾。

而有差别服务，则是相对于共享的普遍性而言产生的服务个性化。每个个体的征信情况不同，金融机构给予的服务自然有所不同。归根结底，个体从金融机构获取的各种信贷服务，是金融机构对其风险的定价。

所以，征信体系的发展，首先涉及征信行业本身的发展；其次，还涉及征信数据的共享体系。目前，国外相对成熟的征信体系是建立在上百年自由竞争基础上发展而来的，而我国有独特的政策环境和国情，征信体系的建设又处于互联网金融高度发展的新时期，这决定了我们自有的征信体系建设要在借鉴国际经验的基础上走一条"中国特色"之路。

征信业现状

中国传统的"征信体系"只有一个，就是由人民银行建立的征信系统。

人民银行征信数据来源，主要依托银行业，由银行把客户，包括企业和个人在贷款、还款以及使用信用卡等方面的记录提交给央行，汇总在一起，然后供银行等金融企业使用。

前文已述，这个创建于 20 世纪 90 年代末的数据库①，发展至今只覆盖了 30% 人群，远远未达到金融服务之需要。

因此，为弥补人民银行征信体系的局限性，在 2015 年 1 月 5 日，央行印发《关于做好个人征信业务准备工作的通知》，并宣布八家机构，要求其做好个人征信业务的准备工作，准备时间为六个月。

这八家机构分别是：芝麻信用（阿里旗下机构）、腾讯征信（腾讯旗下机构）、深圳前海征信（平安保险旗下机构）、鹏元征信、中诚信征信、中智诚征信、考拉征信（拉卡拉）、北京华道征信。

然而这预热的八块黄金牌照在准备了六个月之后迟迟未能发出，最后到 2018 年 1 月 4 日，中国人民银行发布公示，受理了百行征信有限公司（筹）的个人征信业务申请（见表 6-1）。如果这个俗称"信联"的平台从 1 月 4 日起到 13 日的公示期间没有收到异议，下一步就是批准筹建。

换而言之，未发出的八块个人征信牌照最终被集约为一，八家公司各得 8% 的股份，控股于中国互联网金融协会，该协会是由中国人民银行会同银监会、证监会、保监会等国家有关部委组织建立的国家级互联网金融行业自律组织，一举解决了中国征信体系权威性问题。

---

① 企业信用信息基础数据库始于1997年，在2006年7月份实现全国联网查询。个人信用信息基础数据库建设最早始于1999年，2005年8月底完成与全国所有商业银行和部分有条件的农信社的联网运行。

表 6-1　　　　　　百行征信有限公司相关情况

一	公司名称	百行征信有限公司
二	注册地	广东省深圳市
三	营业场所（筹）	北京市西城区金融大街通泰大厦 C-917
四	业务范围	个人征信业务
五	注册资本	十亿元人民币
六	主要股东及所持股份	中国互联网金融协会，持股36%；芝麻信用管理有限公司，持股8%；腾讯征信有限公司，持股8%；深圳前海征信中心股份有限公司，持股 %；鹏元征信有限公司，持股8%；中诚信征信有限公司，持股8%；考拉征信有限公司，持股8%；中智诚征信有限公司，持股8%；北京华道征信有限公司，持股8%
七	拟任董监高人员名单	董事长（兼总裁）：朱焕启；董事：许其捷、杨彬、奚波、郦永达、李臣、郑浩剑、邱寒、唐凌、陈向军；监事：陈波、毛振华、盛希泰、谷国良

信息来源：人民银行公示信息

　　之所以八家变一家，市场普众的观点是，各自为政的民间征信方式，至少会带来两大弊端：

　　第一，各自为政，数据难以共享，效率不高。这当然是事实，作为竞争对手，至少在一定时期内数据共享无法实现。

　　第二，从中国现有的现代金融生态环境看（之前八个个人征信机构中以中国最强悍的 FinTech 公司），让市场自行优劣淘汰的最大可能性结果，就是会出现数据寡头。而数据寡头暗含的最大威胁，是可能导致传统金融体系整体边缘化，而这是无法被接受的。

　　中国人民银行征信管理局局长万存知在《个人信息保护与个人征信监管》中也谈道："人民银行作为国务院征信业监督管理部门，对个人征信机构的设立依法进行行政审批。为探索个人征信机构市场准入的管理经验，人民银行在 2015 年同意八家社会机构进行个人征信开业准备，至今已有两年的时间。开业准备之所以延续到现在，有三个意想不到的因素：一是未想到在这个过程中遇上互联网金融整顿，这项工作至今未结束；二是未想到社会公众个人信息保护意识空前高涨，监管部门秉持审慎审批的原则，对八家进入开业准备阶段的机构提出了更高的要求；三是未想到八家机构开业准备的实际情况离市场需求和监管的要求差距那么大。"

就目前我们掌握的情况看，八家从事个人征信开业准备的机构存在的突出问题有三个：一是各家为了追求依托互联网的所谓业务闭环，市场信息链被分割，信息覆盖范围受限，产品有效性不足，不利于信息共享；二是八家机构各自依托某一企业或企业集团，业务上和公司治理结构上不具备第三方征信的独立性，存在利益冲突；三是八家机构对征信的基本理念和基本规则了解不够，而且也没严格遵守，在没有以信用登记为基础且数据极为有限的情况下，根据各自掌握的有限信息进行不同形式的信用评分并对外进行使用，存在明显的信息误采误用问题。因此，从监管标准判断，八家机构至今没有一家合格。

八家预备征信机构对征信信息是否存在误采误用留在后文阐述，数据共享这一问题，的确被一致认为是征信体系建立的核心问题。

数据的心机

大数据，不等于征信。但征信的原材料，一定离不开大数据。

以我国处于数据源争夺战的上半场客观事实来看，各家机构毫无疑问都将数据资源视为核心竞争力，数据共享无法实现，数据孤岛和数据割裂在所难免。即使"信联"成立，面临的仍旧是数据持有者的各自心机。

　　首先，数据源头被割裂持有，数据分布、质量各有不同，如何共享是个难题。

　　80% 具有强相关和高价值的数据都掌握在国有机构手中，即传统金融机构、运营商以及税务、公安、法院等政府公共部门。这些数据原来八家预备征信机构是很难全面获取的，"信联"的成立当然会将这一部分黄金数据进行输入。但是伴随近年 FinTech 的发展，以技术见长的新型科技金融公司在数据采集、数据挖掘、数据应用的效率方面远远高于传统金融机构，且它们中部分企业积累的数据资源已经非常庞大，在自有生态体系内甚至已经部分实现金融服务自循环。这也意味着它们拥有一定的市场话语权，且话语权大小差异较大。

　　美国征信公司解决数据分散问题，是通过市场化方式来完成的。即通过收取费用的方式，相互之间共享数据。或许，未来"信联"最终通过购买方式实现数据收集，而原八家机构及其他信息供应平台，皆退居为信息供应商。虽然长期以来数据交易就以各种"黑市"方式存在，但在"信联"的交易账单上，毕竟还是很少有人胆敢作假、囤积或以次充好的，所以中国互联网金融协会根本就是中国金融的"监管之家"！

　　从这条脉络上说，"信联"的诞生，接下来很可能催生一个国家指定的征信数据交易平台。这对我国数量众多的交易平台、交易中心乃至交易所来说，自然是一个史无前例的契机，但对于产业来说，数据交易的规范化可能意义更加巨大。

　　其次，解决了数据源头，还有数据质量问题。

　　众所周知，数据采集环节至今存在的最大问题，就是数据源质量不高。源头质量不高，必将导致使用效率降低。造成数据质量不高的原因，一方面，是因为缺乏统一提供信息的格式，美国信用局协会制定了用于个人征信业务的统一标准数据报告和采集格式——Metro1 和 Metro2[①]，规定任何企业都要使用统一规范的格式提供信息。而中国并没有统一的数据采集和处理标准，通常会在基础环节，出现数据录入错误、信息缺失、冗余重复、信息主体不明等问题。

与此同时，中国征信还缺少像美国 FICO[②]一样被业界公认并普遍采用的信用评分体系。作为美国著名的个人消费信用评估公司，事实上 FICO 本身并非一家征信公司，而是提供决策和分析管理技术的第三方服务机构。由于美国三大信用局都使用 FICO 分，每一份信用报告上都附有 FICO 分，所以 FICO 实际上是提供评分模型和评分结果的第三方机构。

其他，还有征信数据共享及使用的法律法规等，中国征信体系及数据采集、交易、服务体系，都需要长时间的磨合和建设。2018 年"信联"的建立只是迈出了第一步。但即使这样，与网联的诞生一般，"信联"将会给广泛的中小互联网金融公司带来发展机遇，因为这些都属于数据资源严重不足、风控能力非常薄弱的次级梯队，"信联"一旦建立起征信共享机制，将大大提升这些平台的风控能力，增强其市场竞争力及生存能力。

---

① Metro 是由美国个人征信局协会（ACR）制定，用于个人征信业务的统一标准数据报告格式和数据采集格式。

② FICO 信用评分体系是由美国个人消费信用评估公司开发的一种个人信用评级法。

第二节 征信共享的三大基石

市场化、技术化、法制化，是征信行业发展的三大基石，法律用来界定边界、指定规则，市场用来促进流通和共享，而技术则不断更新迭代促进征信共享的实现程度和便利程度。但从整体来说，未来技术驱动将成为最大发动机。

一定的市场化

论征信的市场化，美国当然是一个不错的参考对象。

美国征信市场，可以说完全依照市场化原则运作。美国的征信公司及相关配套机构，都是由私营企业创立，起源于消费盛行时代，整个行业经历了快速发展期、法律完善期、并购整合期以及成熟拓展期四大发展阶段，逐步壮大并已经形成了较完整的征信体系，在美国的社会经济生活中发挥了重要的作用。

其整个行业市场化的直接标志，就是这些私利征信机构直接参与市场竞争，并以营利为目的。因此，美国征信机构获取信息需要向信息提供者支付费用，而信息使用者使用信息则需要向征信机构付费。其征信的市场化模式是通过商业运作形成征信体系，特别是经过了长时间的市场竞争，完成优胜劣汰，从而形成以大公司为主体的征信系统，向全社会提供全面的征信服务。

因此，美国的整体征信生态环境就是，私立机构自主收集、整理、加工信用信息及数据，提供尽量全面的、可信的信用报告。政府提供立法支持和监管，规范信息采集、整理、存储及加工流通的规则，形成自由竞争。

例如，作为美国三大征信局之一的 Experian，具有 9.89 亿个人用户和 1.11 亿企业用户的征信数据，其业务遍布全球 37 个国家，尤其以北美地区为主。所提供的服务内容，首先是标准化的个人及企业征信报告，通过其全球 17 个个人征信局、11 个企业征信局收集数据，每天提供约 550 万份征信报告[①]。而每份报告，都有标准定价机制。

美国征信服务覆盖各行各业。美国征信机构注重产品的多元化和丰富性，并且广泛开拓客户领域，已经不再局限于金融行业。具体说来，不仅向金融行业提供信用报告、信用评分等基础征信服务，还向政府、教育、医疗、保险、电信等其他行业提供市场营销、决策分析、人力资源、商业信息平台等信用衍生服务。

目前，美国征信机构来自传统金融行业的收入占比已不足 50%，因此不断拓展征信的使用场景，寻找可以持续有效发展的商业模式，也成为征信市场化发展的另一关键。

Experian 客户来自金融、健康、零售、汽车、电信、保险和公共服务等各个领域，主要收入来自信用报告服务；其次是决策分析和市场营销服务。从 2017 年业务营收占比情况来分析，信用服务营收占比

---

① 数据截至 2017 年 3 月。

55%，与其他信用衍生服务营收总和基本持平。这说明，成熟的征信机构，营收能力除了征信本身，在其他方面仍旧有很大的拓展空间。因此，Experian 将决策分析以及营销服务与征信服务一起并列视为核心业务（见图 6-1、表 6-2）。

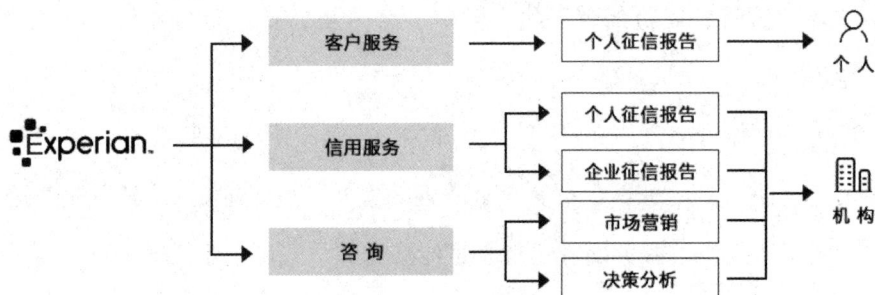

图 6-1　Experian 业务体系

资料来源：爱分析

表 6-2　Experian 2017 年业务类别及收入占比（单位：亿美元）

	信用服务	决策分析	市场营销	客户服务
营收	23.84	5.64	4.33	9.54
营收占比	55%	13%	10%	22%

资料来源：爱分析

另外，市场职能细化，上下游产业链合理匹配，也是美国征信一大特点。在上游，是以 Experian 为代表的三大征信公司采集数据，之后都按照行业协会参与制定的数据标准化加工方式进行加工，即 Metro。Metro 的存在，让数据加工更迅速高效。

最后，在整个征信行业还共享同一种信用评分模型 FICO（见图 6-2）。所有征信数据套进 FICO 模型后，根据评分自然被分为五个档位，低于 600分，贷款违约率可达到 1∶8，而大于 800 分，违约比率仅为 1∶1292。标准普适的征信评分体系，当然帮助征信在使用环节变得极其简单。

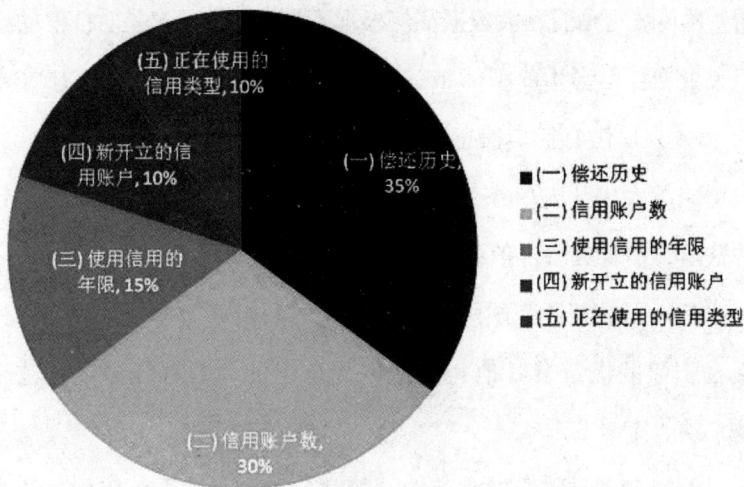

图 6-2　FICO 评分核心五要素

资料来源：重庆时报网

　　总而言之，美国征信是充分市场竞争和优胜劣汰的产物，政府参与的环节是推动相关法律的制定以及行业监督。中国环境自然与其不同，尤其是"信联"的诞生，标志着我国征信产业发展必然是在政府主导下进行的，但与此同时，市场化的运营方式或早或晚将会被借鉴进这一产业，特别是国际成熟经验，可做他山之石。对此，我们可以拭目以待。

高度技术化

　　受技术发展驱动，现在及未来征信产业生产方式和生产能力都会有非常不同的变化，甚至对于征信本身的认识，都将重新界定。

　　例如大数据征信，这是近年被广泛讨论的话题。在 2015 年，互联网金融千人会创始人易欢欢曾讲过一个段子："现在国内的大数据征信，就跟十岁的小孩谈男女关系一样，谁都在谈，谁都不知道在干什么。"很多传统金融领域资深，都在不同场合中表示对大数据征信做过"不靠谱""不专业"

的论断，从传统视角看，大数据征信根本不是征信，甚至是对征信的滥用。

但大数据征信诞生的国情是：我国是一个传统征信覆盖只有 30% 的国度，约 70% 人口没有征信信息。而通过互联网金融大刀阔斧的发展，传统征信未覆盖的大多数人口在互联网金融平台上却留下了很多足迹。这些新产生的数据，是否具备征信价值呢？

当然有。而且随着互联网金融覆盖能力和服务能力越来越强，由新兴金融平台积累的借贷及其他相关数据提炼出的大数据征信，会越来越重要，越来越主流。

中国人民大学财政金融学院的孔德超先生为大数据征信做了这样的解释：运用大数据技术构建征信模型及算法，通过对海量数据进行采集、分析、整合和挖掘，多维度刻画信用主体的违约率和信用状况，形成对信用主体的信用评价。大数据征信的核心是将大数据技术应用到征信活动中，强调处理数据的数量大、刻画信用的维度广、信用状况的动态呈现、交互性等特点。从运行机制上看，大数据征信主要是对征信信息进行自动采集、存储、分析和结果输出，对信用风险进行实时、动态的跟踪和管理，注重对弱相关、非结构化和多维度的海量数据进行深入挖掘和相关分析，力图客观、准确、全面、动态地呈现信息主体的信用状况。与传统征信相比，大数据征信覆盖了更为广泛的人群，数据收集和处理效率有较大提升，在一定程度上避免了人为因素的干扰，防范了可能发生的道德风险，为普惠金融开辟了一条新路径[1]。

大数据征信强调了对弱相关、非结构数据的挖掘分析，这一点常被看作是大数据征信"不靠谱"的重要佐证。然而，从另一个维度说，全维度信息

---

[1] 孔德超：《孔德超：大数据征信与个人隐私保护》，发表于《中国社会科学报》。

参与征信评分，可能就是未来事实。之前的不靠谱，只不过是高科技在启蒙阶段的"呆傻"通病而已。当某一天大数据"神功练成"，现在属于传统征信所信奉的相对单一的征信信息，将被看作是数据匮乏时代的缺憾模式。

可以预见，不但是大数据，与数据相关的技术，如人工智能、区块链等都会被应用到这个产业当中，并逐渐取代传统成为主流。当然，在这个领域，除此以外还有其他如生物识别技术，它们已经在征信欺诈领域开始发挥作用。

2017 年年底，Experian 联合 IDC 发布了《2017 年欺诈管理洞见》，报告中提出了超级 ID 解决方案，即在传统手机号、身份证号等信息的基础上，增加社交网络信息和生物识别信息，比如声音、指纹、人脸等，通过人工智能的方式整合各类信息，以精准定位身份。

具体方式是这样的，Experian 的防欺诈平台中，生物识别技术软件通过跟踪不同维度的因素，比如打字速度、登录网站鼠标移动的速度等确定用户的真实身份。行为生物识别技术在很多情况下产生很大的作用，尤其是当欺诈者试图利用自动程序或机器人在线申请信用产品的时候。

例如：真实用户由于不熟悉相关申请表单填写要求和内容，就会在填写时出现自然输入停顿；而虚假用户则切换自如且迅速，与此同时，在填写基本信息如需要虚构的基本姓名、日期之类时放慢速度。

高度法制化

征信，尤其是大数据征信和信用生活时代的来临，使数据采集、交易、使用、安全及对用户隐私的保护，都将成为巨大挑战。

中国征信行业立法始于 2005 年的《个人信用信息基础数据库管理暂行办法》，之后相继出台《征信业管理条例》《个人信用信息基础数据库管理暂行办法》和《银行信贷登记咨询管理办法》等，逐步建立了以国家法规、部门规章、规范性文件为核心标准的多层次制度体系。

在涉及个人信息与隐私保护方面，则主要依据《刑法》《侵权责任法》《网络安全法》(2017年6月实施)、《消费者权益保护法》《征信业管理条例》《征信机构管理办法》《电信和互联网用户个人信息保护规定》《个人信用信息基础数据库管理暂行办法》《征信机构监管指引》《征信机构信息安全规范》和《信息安全技术公共及商用服务信息系统个人信息保护指南》等。

总体而言，法律体系不够完善。征信主要依赖的《征信业管理条例》《征信机构管理办法》，主要是行政法规和部门规章，法律效力较低。现行立法多是间接的、碎片化的、框架性的规定，相关法律衔接性差，且执法部门权限职责不清，对产业发展的保障能力稍显力不从心。

在个人信息问题上，普遍存在收集处理规则不科学、不合理，企业守法成本高，司法救济渠道不畅，个人维权成本高昂且效率低下等诸多问题。特别是大数据背景下如何规范收集、处理个人信息，如何保障信息主体的合法权益，提供何种司法救济手段等，都缺乏相应的具体规定，个人隐私保护面临无法可依的危险处境，容易导致出现不当采集信用信息、滥用数据、侵犯合法权益的现象。

任何产业发展都有其自然递进过程，参照美国历史，其征信立法也是在经过半个多世纪野蛮发展之后才在20世纪七八十年代完善起来的。经过长期的市场磨合，美国现在征信产业不仅有完备法律保驾护航，更有政府的监管职能部门和行业自律协会进行监管，使得征信各方主体的行为与法律要求相一致，保证了个人征信体系的健康有序运行。

第三节 信用生活社会

得益于 FinTech 公司的信用产品推广，不但共享经济深受其益，也让我们看到信用经济的高效性、信用生活的便利性以及信用社会的美好可期。

伴随信用使用场景的不断扩充，信用将代替金钱成为公民第一持有资产，成为一种新的身份象征。

关于"信用"和"征信"

在传统意义上，"信用"和"征信"是两个不同的概念。征信跟资金有关，广泛存在于在借贷关系之中，主要是考察借款人的还款意愿和还款能力，而不是仅看他的还款能力。换而言之，传统的征信数据，主要来源于金融机构的借贷信息及与之有关的强相关信息，其使用场景也只宜用于在借钱还钱中防范信用违约风险，而不适宜于其他经营活动和社会生活。

至于信用，在现代互联网金融和科技金融迅猛发展的语境之下，是指那些采集范围综合了借贷数据信息、普通商业交易信息及其他采集机构指定动作后形成的信息之和。在信用当中，征信数据是其高价值数据；而在征信数据使用当中，信用数据将成为其综合参考。两者具备互相覆盖的能力，在具体使用场景上存在差别。

例如，在共享单车发展的过程当中，各地市场均出现了使用者故意毁坏乃至偷盗单车的不良行为。对此，有很多社会声音呼吁将这些不良行为记录到使用者的信用档案中，以此约束共享环境的健康有序。这种情况，生成的就是不良信用，表示此人对契约不具备良好的遵守能力，甚至触犯法律。这种信用污点，同样影响征信评分，因为不遵守一般契约的人，其金融借贷关系中的违约风险亦高于一般人。

但反之，一个人是遵守共享单车契约的模范，从不乱停乱放，甚至会花费时间参加一些保护共享单车的公益行为，为社会传播正能量。这样的情况却并不能说明此人就拥有较高的征信评分，因为前文已经说了，征信主要与还款能力和还款意愿相关，而还款能力又起决定作用。

总之，在传统语境中，征信就只是征信。但由于我国征信和互联网金融发展的特殊交叉环境，很多 FinTech 公司在实际上正从信用做起，并切入了征信内容，而且伴随业务能力日趋广大，这种侵蚀力还会越来越大。虽然关于信息采集、使用、隐私安全等方面都面临界定难题和无法可依现状，但总体发展方向却得到了社会的广泛认可（当然，在某些语境下也被看作是征信滥用），特别是一些 FinTech 公司依托自身生态基础推广的互联网信用评分机制，在一定程度上正在带来一种全新的生活体验，同时也在为即将到来的全新征信时代积累有效力量。

2017 年 12 月，由国家金融与发展实验室、社会科学文献出版社共同发布的《金融科技蓝皮书：中国金融科技发展报告（2017）》指出，互联网信用评分之所以如此受关注，是因为其会为授信人、受信人以及社会带来巨大价值。

事实上，互联网信用评分覆盖人群范围广，数据时效性高，使用友好度强，可有效补充征信体系，为整个互联网金融提供一定的风控支持。

以芝麻信用为例，芝麻分在 600 分以上，芝麻信用合作方（P2P 公司、小贷公司等）可以为其开辟绿色通道，获得更快速、更优质的信审服务，同时还有额度上的提升和还款上的优惠服务。在消费金融领域，芝麻信用分在 600 以上的用户可以申请"花呗"额度，用来在天猫和淘宝购物时付款。和信用卡一样，额度在 2500~30000 元人民币，有一个多月的免息期。芝麻信用和蚂蚁微贷合作推出的"借呗"，芝麻信用分在 600 以上的用户可以申请 1000~50000 元人民币不等的贷款，还款最长期限为 12 个月，贷款日利率是 0.045%。完全依靠芝麻信用分进行信用审核，通过审核 3 秒钟之内就能拿到贷款。

至于芝麻信用的数据来源，主要是基于天猫、淘宝的电商交易数据和蚂蚁金服的互联网金融数据（包括支付宝、余额宝、招财宝、蚂蚁小贷、蚂蚁花呗等），并接入了公安等部门的公共数据。数据涵盖了信用卡还款、网购、转账、理财、水电煤缴费、租房信息等。信用评分"芝麻信用分"综合考察信用历史、行为偏好、履约能力、身份特质、人脉关系等五个维度的信息。应该说，互联网信用评分，正在一定区块经济中扮演征信评分的角色，并在广泛的生活经济领域进行全面覆盖。

信用让共享更简单

然而，在共享经济发展过程当中，信用成为必不可少的助力者，可以说，信用让共享更为简单。如果说征信是金融世界的第一 ID，那么信用就是共享经济中的第一 ID。

还以芝麻信用为例，其芝麻信用分已经在信用卡、消费金融、融资租赁、酒店、租房、出行、公共事业服务、购物和社交等上百个场景提供信用服务，特别是与共享相关的消费场景。

芝麻信用在 2017 年 11 月 22 日由官方微博发布信息，称："芝麻信用将联合商家伙伴一起做一件事：推动中国进入信用免押时代。好信用可代替押金。为免除商家的担忧，芝麻将初期投入 10 亿元人民币，引入保险、运营鼓励等机制，帮商家用比收押金更好的方式做生意。这一定很难，但我们决定全力一试，试了不一定成功，但不试连机会都没有。如果你支持，请转发，让信用更有力量。"

而芝麻信用总经理兼首席执行官胡滔也在发言中称，芝麻信用有三个目标：消灭押金、用户无损、商家无忧。芝麻信用将在初期投入 10 亿元人民币，未来一年尽其所能来推动消灭押金。

芝麻信用认为，这是解决共享单车领域押金问题的唯一治本方式。在2017 年经历的共享单车倒闭潮中，超过 10 亿元人民币押金退无可退。而2017 年 8 月，由中国互联网络信息中心发布的《中国互联网络发展状况统计报告》中显示：保守估计，仅共享单车领域的存量押金规模就有近 100亿元人民币。这是一笔规模庞大、却匮乏有效监管的资金。

来自芝麻信用的案例是，因为小蓝单车部分推行了信用免押，在其2017 年年底融资危机出现退押困难时，有 100 万左右的用户未受到企业危机的影响，避免了 2 亿元人民币的押金损失。

截至 2017 年年底，芝麻信用已让 4000 万用户免押骑过单车，免押额累计超过 60 亿元人民币。到 2018 年 2 月，仍旧与芝麻信用合作正常运营的共享单车有 ofo 小黄车、永安行、优拜单车。

信用免押，大大降低了公众体验共享消费的门槛，同时最大化保护了消费者权益，屏蔽了潜在风险。正如芝麻信用消除免押的野心，芝麻在大众出行、生活租赁、出游等各领域，均拓展了免押的场景。例如在出游租车类目中，神州租车、一嗨租车、安飞士租车、大方租车、租租车皆提供

"线上预约，免押金"服务。生活租赁免押则覆盖了共享充电宝、共享雨伞、共享玩具、服装配饰、家用设备以及艺术品等。免押住宿也是免押主力产品，有未来酒店、途家、小猪短租、蚂蚁短租、木鸟短租等。

在刚刚过去的 2017 年，支付宝全民账单发布，相关数据显示出用户对支付宝的高频率使用；不仅如此，支付宝促生的芝麻信用在 2017 年累计为 4150 万用户免去超过 400 亿元人民币的押金。

截至 2017 年年底，共享单车中 ofo 已经在全国 25 个城市实现信用免押金服务，哈罗单车也宣布在国内 10 个城市同时实现免押金。摩拜也悄然在广州开始跟进推行免押金。从行业来看，除了行业前三的公司都已经开始免押金，共享单车领域总计已经有十几家接入免押金。而在共享充电宝领域，国内半数都已经实现了信用免押金。海外租车、图书馆等也在陆续开始接入免押金。由此可见，免押金正在逐步成为越来越多共享经济行业的标配。

且从实际数据来看，免押并没有降低企业营收能力，用户和经营者双方反而都获享了信用红利。芝麻信用过去两年在租房、酒店、充电宝、租车等领域的摸索和实践证明，通过芝麻信用免押金不仅让用户体验变得更好了，经营者也因此享受到信用带来的红利。因为降低商品体验门槛，接入了信用免押金的产品新用户都出现不同程度的增长，用户的违约行为不仅没有上升，甚至有所下降。

以租车行业为例，引入芝麻信用后，行业租金欠款率下降 52%，违章罚款欠款率下降了 27%，丢车比率下降了 46%。又如天津图书馆自免押金借阅以来，办理借阅证的市民人数是上年同期的 2.7 倍。目前，全国已有 15 家图书馆开通了免押金借阅服务。再如来自于酒店行业的反馈情况，免押金后，虽然整体的坏账率在千分之一到千分之二，略有提升，但用户量却增加了 30%~50%[①]。

必须看到的一个事实是，一旦全面实行免押金，那么，用户对自己的信用积累也越来越看重，有时候比起押金没收，信用污点更让他们觉得不可接受，当信用所渗透的行业足够多时，行业之间对失信者的联合惩戒将对风控产生更大作用。

信用生活和信用社会

2017 年 7 月，蚂蚁金服董事长彭蕾在首届"中国城市信用建设高峰论坛"上表示，对信用的需求已经体现在城市生活的每个角落，得益于互联网和大数据技术驱动，信用体系的有效性正在进一步增强，变得更加多维、精确和实时。信用体系的发展正呈现出四大趋势：一是企业和个人的信用意识正不断增强；二是信用将变得越来越"可信"；三是信用正在变得越来越"有用"；四是隐私保护将成为信用体系的基石。

之前，以芝麻信用为引领的信用免押服务，已经让越来越多的用户开始珍惜和有意优化自己的信用分，因为信用越高，就意味着能够享受更好的服务。这种刺激是直接的，是对信用价值的最好认可。因此，尽管这些私营企业的评分系统备受传统金融行业诟病，但仍旧在市场上被广泛拥护，且受欢迎程度日益增加。信用评分在日常生活中的广泛覆盖，使信用生活成为切实可行的模式，信用生活之上，将建设出更具现代文明意义的信用城市。届时，信用将成为社会化存在方式。

信用社会的出现，最大的意义在于为公众提供更为广泛、有效、公平的公共服务，提升公民的生活体验，同时在最大程度上消除市场经济环境

---

① 谭浩俊：《共享经济有望升级信用经济，免押金渐成标配》，发表于东方网。

中的信息壁垒，促进经济及资源共享，提升政府履行公共职能的效率，降低其成本，最终将提高公民信服指数，创建更优化的社会文明。

这方面，杭州作为信用社会生活先行实践城市，可以提供佐证。早在2016年，杭州市发改委就联手蚂蚁金服推出了"城市信用报告查询"服务，市民们无须出门，通过手机端的芝麻信用就能随时随地查到自己的市民信用报告。在这样的便利环境下，查信用、用信用就成为杭州市民的习惯。

从2016年8月20日起，杭州的市民无须押金，只要自己的芝麻信用分在600分以上，就可以在旅游景区、机场、公交车站等315个点免费借用雨伞和充电宝，在全国首开先例。

各类押金也在杭州慢慢消失，根据最新的数据显示，已经有约11万名杭州市民享受了免押金酒店信用办理服务，合计免除预授押金超过8800万元人民币，办理入住时间也由平均十几分钟下降到45秒，退房时间则由平均四至五分钟下降到18秒。

超过一万人次使用了芝麻信用免押金租车服务，累计免除租赁押金逾4000万元人民币。杭州市民在外地使用芝麻信用免押金信用、扫码租公共自行车服务逾2万人次，累计免除租赁押金超过400万元人民币[1]。

信用不仅越来越"可用"，而且越来越"有用"。特别是伴随信用分与相关社会公共机构职能共享后，对公民社会责任的履约情况，进行了正向优化。例如芝麻信用与最高法以及各地高级法院的合作，已经联合合作商家对54万余名失信者采取了惩戒措施，目前已经有约4万名失信者被执行人主动履行了还款义务。

可见，信用本身可以促进增信。当信用生活无处不在，信用本身就

---

[1] 李钢：《信用社会将来临　你准备好了吗》，发表于《羊城晚报》。

会成为公民生活最重要的资产。在信用社会，一个人可以没有资产，但不能没有信用。丧失信用的人，将寸步难行。而信用的日益普惠，将为金融及整个社会经济发展，节约大量能源，使社会经济效率大幅度提升。正如北京大学黄嵩教授所说，信用普惠，将成为一种经济发展动力和新经济增长点。

Chapter 7

共享经济的未来方向

在大的范围内，人类社会由技术所推动已经成为共识。人类最近 100 年的历史，为此论断做了绝对标注。未来 100 年，技术仍旧是主要动力。在共享经济领域，最具权重的两种方向，其一是区块链，它被认为是划时代的新技术，是社会革新的能量块；其二是人工智能，它被认为是左右人类命运的终极因素。这两种技术交叉应用，会引领全新的共享潮流及应用场景。

但最重要的，也是决定上述两种技术最终实现方式和结果的，是人类的终极武器也是终极难题：价值观。人类关于共享的未来，由技术推动。而归根结底，这又取决于人类的价值观。

第一节　区块链与共享社会

对于区块链，激进者认为它是新时代的基础设施，不但重构社会经济生活，而且导致权力解构和重新分配；观望者则认为，这种所谓引领伟大的技术时至今日除比特币之外并没有被广泛而成功地应用，关于它的所有革新想象，仍旧停留在想象阶段，距离大规模应用尚有遥遥之期。

虽然未来尚未定论，但就这项技术来说，区块链的核心要素是去中心、去媒介、弱控制，倾向于自治性，本质是区别于现有社会机制的新型社会结构。这些似乎与共享经济的本质在很大程度上具有相似性。共享经济，强调的也是分散式的、点对点的连接共享，弱化中心乃至平台功能，让参与者直接进行资源交互，从而实现互惠受益。

当然，最为关键的，并不是两者在精神气质上心有戚戚，而是区块链为共享经济的实现提供了一种更为切实的路径，是共享得以实现的技术基础。

高效货币化方式

从广义上讲，我们所有经济活动都是货币化的过程，即通过货币量化从而完成市场交易。

在传统经济形式当中，交易过程通常是存在媒介的，通常是中心化的。"你是你"以及"你的东西属于你"，都需要专门的中心化机构为其信用背书，交易时，通常也需要平台化的交易市场，点对点进行直接交易，因为信用成本昂贵而不具有广泛性。在金融活动中，这种中心化和媒介化的存在表现更为突出。中国近年伴随强监管时代的到来，中心的作用越来越明确和强势，巨型 FinTech 公司的崛起，也使媒介的覆盖力量和服务能力越来越强大。而这一波共享经济的典型商业模式，就是缔造了一批提供共享服务的行业平台公司，例如共享交通领域的优步、摩拜、ofo，共享食宿方面的 Airbnd，这些引领公司还属于曾经尝试鼓励更多人直接将闲暇资源通过平台进行共享，而后来跟随者，如共享充电宝、共享雨伞等，本质上都是以共享之名行租赁之事。

显而易见，现代社会并没有一种可以让陌生双方进行直接交易的机制，非中心化点对点交易的货币化方式对应的是高风险和高成本，因此我们处于高度中心化的社会当中，集约化的经济代表着高效率。

直到区块链技术的出现，它使人类看到一种可能：运用区块链技术在网络中建立信任而无须任何中央管理机构。

这也就是说，区块链技术被看作能够彻底重塑我们所有经济活动的核心潜力。它可以用于建成完全透明、无主、分散的系统，能在没有任何形式中介的情况下，保证各种交易方安全进行交易，这些交易方包括个人、企业乃至政府及各种相关机构。

技术在毁灭中心，取代平台，数字信用将取代权力中心，这毫无疑问将会在最大化程度上带来一种全新货币化方式，个人冗余资源将更容易进行分享和交易。

例如，美国一家创业公司正在进行点对点直接租车的区块链商用实践，其做法是：他们有一个汽车共享原型，其中 Raspberry Pi 设备（代表汽车）在区块链上拥有自己的身份，且车辆和人能够自主进行交互。该系统在 Ethereum 计算平台上进行编码，类似于比特币的区块链，但对大量的交易拥有更好的处理能力，并且包含"智能合同"，能够进行身份认证和执行预先商谈好的条款。在汽车共享的情形下，智能合同可能会验证你是否真正拥有汽车，询问你是否愿意和声望分数在 90% 及以上的人们共享你的汽车，并且该车在未来某时必须能够共享给他人。一旦想要租车的人满足这几个条件，车门就会解锁，发动机也将被允许使用。智能合同也许会为了方便付款而使用专门的货币。这样就可以让用户避免因使用常规货币而带来的金融交易费用①。

　　未来，所有权和使用权通过区块链会更容易分离，也更方便实现货币化。届时，每个人的每样资产都可以随时进行共享获益，对于现在的我们来说，那是全新的生活形态，与之匹配的，也将是全新的社会经济结构。

平台们的未来

　　应该说，现如今共享经济是由平台塑造的。

　　这也解释了某些平台发布的一些共享经济报告中认为未来趋势之一是"越来越平台化"。平台的确在这个过程中扮演着重要角色，他们搭建了共享的生态、链条以及实现方式，甚至创造共享经济的场景，当然他们也从中分享共享的收益。以优步为例，司机们通常需要把顾客支付金额的 25% 上交给打车平台，以此来享受该平台所提供的相应服务。

　　在现阶段的共享经济中，平台们不仅没有萎缩，相反在世界范围内都

---

① 本·席勒（Ben Schillen）：《当区块链进入共享出行，滴滴可能就再也赚不到钱了⋯⋯》。

出现了一些巨型平台，例如阿里巴巴、亚马逊及优步等。

但与平台们的存在根基不同，区块链提供了一种基于"机器信任"方式，这将取代平台们在经济交易中所扮演的信任中介角色。唐·塔普斯科特和亚力克斯·塔普斯科特在畅销书《区块链革命》中由此设想了BAirbnd 和 SUber 两款产品。从名字上看，就知道这是 Airbnd 和 Uber 的升级版。

在 BAirbnd 中，没有中心化的商家存在，当有租客想租一个房间时，BAirbnd 软件在区块链上搜集所有的房源，并将符合要求的房源过滤后显示出来。代替客户评分的方式，就是基于所有的交易记录会被分布式存储，一个好评会提高房源供给者的声誉，并塑造他们不可更改的区块链身份，所有人都可以阅读这些信息。同样，在 SUber 中，网约车也不再有赚取高额提成的平台公司，用户与车辆提供者通过加密方式进行点对点的联系，并且基于区块链记录的不可篡改性，参与者会累积值得信任的声誉度，平台将拥有自发的消费者黏性，而不是像现在这样基本仰赖砸钱抢用户[①]。

可以想象，这种去平台化的交易，会从共享出行、共享食宿延伸到生活的各个领域，最终金融共享也通过区块链实现高效率、低成本、快速化交互。P2P 借贷，就真的成为点对点直接交易。整个金融体系因此被重新缔造。银行等传统典型中心化中介化存在不得不进化出新的生态面貌。

基于这样的思路，平台们在未来将会逐渐淡出主流共享领域，平台的作用也不再是为交易双方提供信用中介和交易服务，一部分保守平台会在过程中逐步消失。因为不拥抱变化的团体，将随着主体湮灭而消失。社会

---

① 曾响铃：《绑上区块链的共享经济，玩法大不一样》。

学把这种规律叫"孤岛灭绝",指的是如果一种新的规则出现,不参与进来的玩家将很快被淘汰。

而另一部分更加强悍的平台,会依赖其对技术的储备和创新,成为新型共享经济体的技术设施提供方。

可能正是因为有着这样的巨大可能性,全世界的"中心"和"中介"都在投入巨大能量投入区块链的研究。几乎各个国家都在建立区块链及数字货币的研究项目,而全世界 80% 的银行在 2017 年前启动了区块链项目,90 多个中央银行加入了区块链的公开讨论,无数新型创业团队成为区块链商用开发中的一员。

人们普遍感到在新技术的推动之下,革新即将到来。而这场革新,可能恰恰是由中心和平台推动的。革新者将被革新,这也是一件趣事。

会是穷人经济吗?

20 世纪 60 年代,美国科幻小说家菲利普·迪克在其著作《尤比克》(*Ubik*)中预见了这样的未来:主人公住在一个破旧公寓之中,里面一切都是投币式的,比如咖啡机、冰箱,甚至于家里的门。由于经济方面捉襟见肘,主人公总是拿不出需要的硬币。一次,因为没有开门的五分钱,一怒之下想要拆门强行出去时,门竟然指责主人公违反合约,并威胁要起诉他。

上述内容虽然完全处于虚构,但这样的现实似乎离我们并不十分遥远。首先,伴随消费时代的来临,整个金融体系会非常乐于创新各种产品支持消费者过上各种先享受后支付的借贷生活。其次通过不断发展的物联网和基于区块链的即时货币化交易场景,所有消费品的拥有权和使用权可以高度分离并极端细化,需要即支付,支付即享用。人们不再需要完整购买任何东西,只要愿意就可以住进一应齐全的公寓,但与此同时,每一样物品的每一次使用都会面临一次交易。这极有可能是共享经济在未来的一种呈现方式。

正如很多共享经济拥趸们愿意谈论的观点那样，共享经济集约资源，提升使用效率。人们喜欢这样来论证：为什么人们非要拥有一辆汽车呢？要知道美国平均每辆汽车的使用时间仅有4%，剩余96%都被浪费了。共享经济的作用就是将原本浪费的96%重新进入市场交易，从而提升整个社会的经济效率。甚至，人们根本不需要占有某样东西，也许，通过未来高效的社会分享方式，人们只需在使用和不使用之间做出选择，而不需要花费时间和金钱去谋求占有。

从某种意义上说，这的确降低了私人占有所带来的资源浪费，但与此同时，会不会出现小说中的场景——未来的共享，不是因为不想拥有，而是因为太穷无法拥有。共享经济，会否成为一种穷人经济？就像《尤比克》中所描绘的那样，因为没有出门的五分钱，而被迫关在家里。

尽管我们认为作为一种理念，共享的确比私享更具备社会正能量，但是，富人往往不在乎是否产生浪费，而只有穷人才会想尽办法节衣缩食生活。所以，共享经济，在未来会演变成穷人经济吗？

第二节　有关人工智能

我们相信，未来在区块链搭建的全新"网络协议"上运行的是各种智能物联网设备，当然人工智能又是这些设施的高级表现。万物互联的整体环境和互联节点的高智能进化，都为共享生态提供了高效实现的基础。与此同时，AI 的高度智能化，有可能将人类本身演进为共享的一个终端。

从现在看向未来，虽然人工智能带给人类的前景仍未可知，但可知的是 AI 及相关应用，将在共享经济发展中扮演至关重要的角色。

人工智能已步入真高潮

如果说区块链的发展总体还处于"伪高潮"阶段，那么人工智能已经步入真正高潮。

2018 年 2 月，中国信通院发布的《2017 年中国人工智能产业数据报告》指出，从短期来看，人工智能是全球 2017 年信息通信领域的最大热点，远高于物联网、5G、安全与隐私、区块链等（见图 7-1、图 7-2 和图 7-3）。长期来看，人工智能行业总体处于爆发增长阶段，公司和产品数量众多，并在垂直行业中开始渗透。此前积累的技术潜力迅速释放，新技术发展迅猛，算法和算力的突破为技术创新奠定了良好的基础。

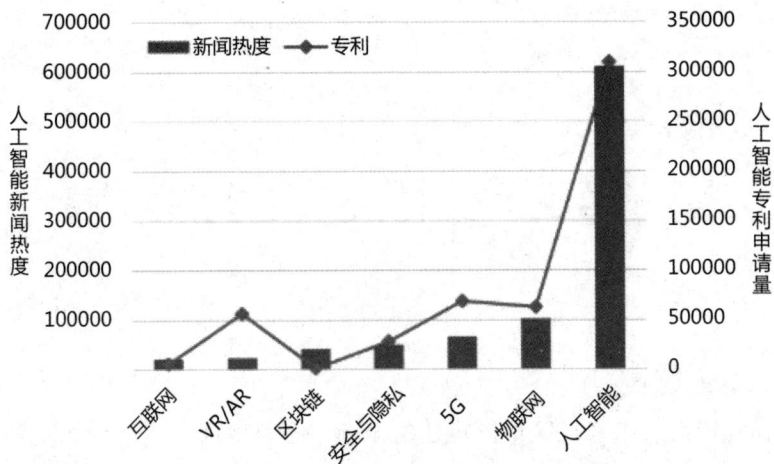

图 7-1　2017 年全球信息通信热点领域新闻热度及专利申请

数据来源：中国信通院发布《2017 年中国人工智能产业数据报告》

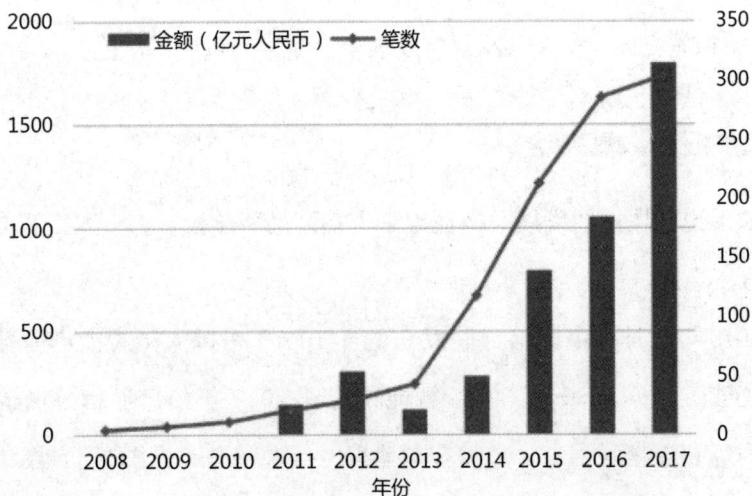

图 7-2　中国人工智能领域投融资规模和笔数

数据来源：中国信通院发布《2017 年中国人工智能产业数据报告》

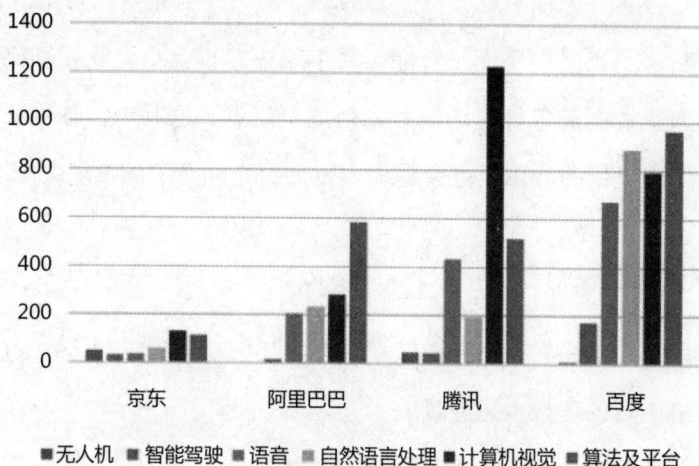

图7-3 国内巨头公司在人工智能各领域专利申请情况
数据来源：中国信通院发布《2017年中国人工智能产业数据报告》

产业投资方面，国内人工智能领域投融资在2011年初见规模，除2013年出现一定波动外，该领域投资热情持续高涨，2017年投融资总规模达到1800亿元人民币，平均每笔金额接近6亿元人民币。从国内投融资来看，近三年内人工智能领域主要集中在智能驾驶、大数据及数据服务和人工智能+领域。

2017年我国人工智能市场规模达到216.9亿元人民币，比2016年增长52.8%。技术分类上，计算机视觉、语音相关领域技术发展更为成熟，所占比例分别为37%和22%。随着人工智能各项技术的不断成熟以及各类应用场景的落地，预计在2018年时人工智能市场增速达到56.3%，整体规模达到339亿元人民币。2018年，机器学习、深度学习等算法能力的增强将促进计算机视觉、语音等技术的不断突破，这也促使人工智能产业将继续快速增长并与垂直行业加深融合。

由于技术发展的迅速和变化的复杂性，在总体上人工智能的走向呈现扑朔迷离之势，相关预测也变得极为困难。但有一点是可以肯定的，AI 在未来的较量将不再是速度而是智能。简单地讲，机器不再互相攀比高峰计算能力，人工智能的各种应用能力才是竞争焦点。这其中，各种智能终端在共享经济中提供的应用，也会是一个庞大而充满竞争的市场。

为共享提供基础设施

智能设备的最终发展，将成就一个万物互联（IOE）的世界，这当然也是共享经济进行的理想生态配置。

可以想象，当我们周围的一切都通过物联网实现即时交互，那不仅意味着家里的冰箱可以为主人准备家常购买食品，还可以在主人出差期间，将即将过期食品共享给那些需要的路人或者邻居。这种生活场景已经被描述过无数次，在可期的十年甚至更短的时间内就会变成现实。所以在这条可以预见的跑道上，全世界最优秀的公司都在夜以继日地奔跑。

来自 2017 年中国信息通信研究院发布的《互联网发展趋势报告（2017）》，其中讲道：全球互联网连接增长步入动力转换阶段。全球互联网正从"人人相联"向"万物互联"迈进，物联网作为互联网的网络延伸和应用拓展，实现对物理世界的感知识别、实时控制、精确管理和科学决策。从连接规模来看，全球联网设备数量保持高速增长，全面超越移动互联网设备数量。

以可穿戴设备为例，IDC 最新报告显示，2017 年全球可穿戴设备整体出货量达到 1.132 亿部，而在 2021 年这一数据有望达到 2.223 亿部。智能硬件无论在生产端还是消费端，都大受欢迎。

除了可穿戴设备之外，自动驾驶汽车是一个极大的热点，不仅全球所有汽车品牌将其视为未来市场生命线，一些意图在人工智能方面有所"蓄

谋"的科技公司及互联网公司也致力于无人汽车的开发和实践,例如我们
所熟悉的特斯拉和百度。

鉴于这一波共享经济是以共享交通为领衔的,所以市场普遍预计,伴
随无人驾驶技术近年来成为投资热点,新版共享出行最可能在共享汽车领
域实现质变性突破。前文也提到过美国创业公司正在进行基于区块链协议
的共享汽车商用探索,可能未来的汽车会在程序中增加一个功能:共享模
式。此模式一旦开启,汽车可以根据需要被即时共享出去,而这个动作的
关键在于汽车可以自动执行共享行为。

这种"共享模式",在未来可能成为所有智能设备的标配功能,正如
我们的智能手机都有一个"飞行模式"按钮一样。当然伴随智能终端越来
越智能,可能这个按钮都不必存在,机器可以不通过人类决策而直接进行
交互和共享。

总之,《尤比克》中所描述的那种置身付费应用的生活对于我们人类
来说已经触手可及,只不过,希望届时人们不要成为"门"所起诉的对象。

真正的直接共享

前文我们已经探讨,区块链会让平台淡出。那么,区块链+人工智能,
可能会让人淡出共享。

假设共享经济生态要历经三个进化阶段,我们可以套用一些既有概念
来完成这个表述。所以,论共享的三个阶段,可能是这样的:

第一阶段可以叫作 P2P(People to People),即人与人的资源共享,就
像物质匮乏时代一件衣服在三个孩子之间共享一样,共享参与双方都是人
本身,这种共享非常原始、简单,资源也非常有限。

第二阶段可以叫作 P2M(People to Machine),即人与机器的共享,参

与一方是人类，另一方是共享的设备和资源。例如我们在前面描述过的共享自驾驶汽车。在这一阶段，人仍旧参与决策，但不必参与执行。

第三阶段可以叫作 M2M（Machine to Machine），即机器与机器的共享，届时共享行为和共享决策都不需要人类参与，机器与机器根据需要直接完成交互，人类被排除在外。甚至，人成为机器资源的一部分，被机器共享出去也未可知。

我们目前所处的时代，应该处于第二阶段 P2M 的萌芽期，无论是共享单车还是共享房屋，主体仍旧是服务人本身，人自然参与其中。在未来一段时间内，人类会进入最美好的共享时期，机器可以自己完成共享，也就是说你买了一台车，这台车在供你使用之余还会利用闲暇时间自己打工为你补贴家用。

至于 M2M 阶段最终如何呈现，将由人工智能在那一时刻的定位决定。是敌是友，可能只有时间能回答这个问题。

第三节　价值观这个终极问题

　　这个世界的面貌由人类价值观造就。无论是社会制度还是经济生态，归根结底左右于社会群体价值观。价值观即是人类世界的终极难题，也是终极力量。

　　毫无疑问，共享经济本身也是一种价值观念的体现，它倡导共有而不是占有，强调使用而不是独占，注重社会资源的效率而不是所有权。在很多时候，人们习惯将"共享"当作一个经济模式加以研究，但归根结底，这个世界的经济形态由无形的意识所左右，因此，我们大胆探讨一下关于价值观共享这个终极问题。

　　因为，无论是孔孟之道所宣称的"天下大同"，还是共产主义的伟大理想，这一切都建立在价值观共享基础之上。也因为在前文提到的那些疑问：共享经济最终是否会成为穷人经济？价值共享的结局又是什么？这些问题的答案，可能都在我们人类本身的价值观里。

终极难题

　　2017 年 1 月 18 日，习近平主席提出的构建"人类命运共同体"的理念，引发国际友人及各国学者讨论解读。

　　韩国檀国大学政治外交系教授金珍镐认为，习近平主席提出的构建"人类命运共同体"，阐述的是谋求未来共同发展过程中连接彼此共同价值观。构建人类命运共同体像中国人常说的"你中有我，我中有你"一样，秉持同一种价值观，增加彼此互信，"未来人类所认可和共享的价值观就是习近平主席提出的构建人类命运共同体。"①

　　"命运共同体"被全世界所关注的背景是，近年来在全世界范围内出现的价值观背离，经济及社会活动趋向保守乃至敌对，极端表现就是恐怖袭击活动的猖獗。由于地区纷争、历史矛盾、贫富分化等，社会各个群体之间价值观念割裂，彼此仇恨，并最终形成浓重的恐袭氛围（见图 7-4 和图 7-5）。

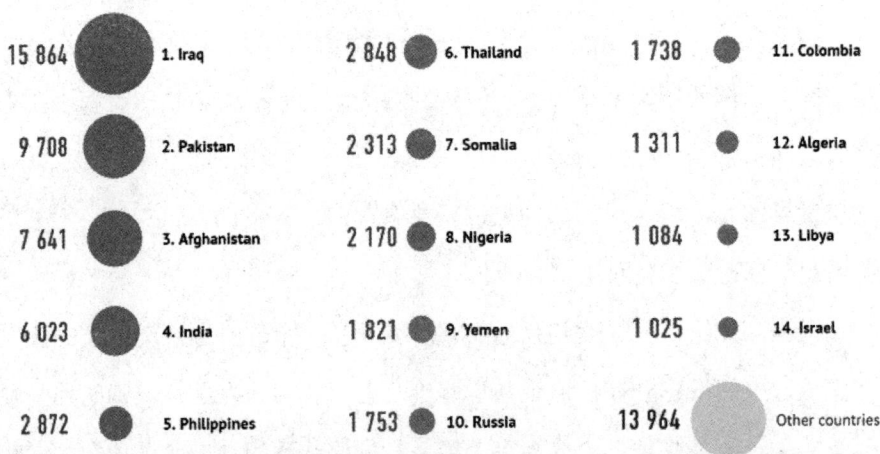

15 864	1. Iraq	2 848	6. Thailand	1 738	11. Colombia
9 708	2. Pakistan	2 313	7. Somalia	1 311	12. Algeria
7 641	3. Afghanistan	2 170	8. Nigeria	1 084	13. Libya
6 023	4. India	1 821	9. Yemen	1 025	14. Israel
2 872	5. Philippines	1 753	10. Russia	13 964	Other countries

图 7-4　2000~2014 年的恐怖袭击数量（前 10 位国家）

数据来源：维基百科

---

　　① 人民网：《韩国学者：人类命运共同体是未来人类所认可和共享的价值观》。

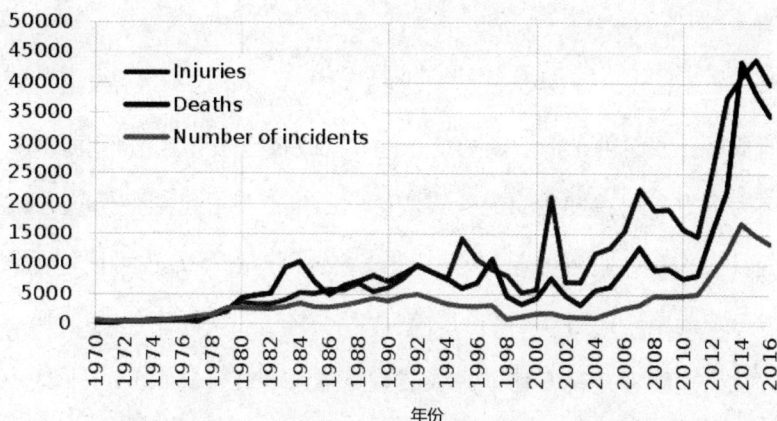

图 7-5　全球恐怖袭击发展趋势（1970~2016 年）

数据来源：维基百科

　　从维基百科"恐怖袭击"词条中获得的数据也佐证了人们对世界的整体观感：我们的世界在某些方面正在失控，安全、宁静的生活正被打扰，一些潜在危险正笼罩世界。尽管近年打击恐怖主义和反恐措施不断升级，但并没有大幅降低恐怖活动。价值观冲突，已经成为人类世界走向和谐的终极难题。

　　过去，人类曾经用宗教来进行价值观统一，东西方文明也基本皈依于不同宗教信仰体系，但伴随现代文明和科技发展，这一体系已经完全被打乱，新文明世界所倡导的自由、平等理念，并没有让更多的人形成统一的价值观念，相反，信息的高度渗透和经济生活多元化生态，导致价值观呈现出多元特征，在互联网上体现为群体的小众化和部落化。这也跟本书开篇文明所探讨的中央集权不断弱化息息相关。

　　在地球上，人类是一个命运共同体，但在现阶段，重建共同认可的价值观显得非常困难。

　　世界不同的权力集群、信仰集群、经济集群之间，可以非常容易地共享物质资源，但却难于实现价值趋同。

终极力量

但从另一方面讲，价值观的独立性、区割性也未必就是坏事。

因为历史和现在发生的无数事实证明，价值观一旦统一，就可以形成强大的社会力量，这种力量可以颠覆政权、创造和平，也可以屠杀民众、制造战争。团结一切可以团结的力量为实现共产主义而奋斗的中华人民共和国解放事业和希特勒发动世界大战残酷屠杀 600 万犹太人的种族灭绝政策，就是价值观在群体中实现共享后释放终极力量正反对比案例。

大众心理研究经典之作，古斯塔夫·勒庞的《乌合之众》中精确解析了群体行为的特征，例如传染性，容易接受暗示，个体在群体中会丧失自我意识，成为"野蛮玩偶"等。同样，价值观存在一种"社会化洗脑"的诡异能力，而且这种能力并不因为文明的现代化进程而削弱，相反，它借助更便利的即时信息发布分享机制，这种能力正在被放大和增强。

2017 年 10 月初，《纽约时报》曝光了好莱坞资深制作人哈维·温斯坦（Harvey Weinstein）的性侵丑闻。10 月 15 日，美国女演员艾莉莎·米兰诺（Alyssa Milano）在推特上写道："如果所有被性骚扰或侵犯过的女性都能发一条'Me Too'标签的状态，那么人们或许能认识到这个问题的重要性。"此后，"Me Too"成了一个反性骚扰的标签，在美国掀起了一场反性骚扰的社会运动，曾经沉默的受害者纷纷站出来公开指控加害者。

随后，美国《时代》周刊将那些勇敢的"打破沉默者"选为 2017 年度人物。2018 年 1 月 7 日，好莱坞女星集体穿着黑色礼服，与社会活动家一道走上金球奖颁奖典礼的红地毯，著名脱口秀主持人奥普拉·温弗里（Oprah Winfrey）在终身成就奖获奖感言中宣告一个新的时代已经来临，女性遭受骚扰的日子已经结束。因为这个宣告，在社交媒体上甚至出现奥普

共 享 经 济 的 未 来 方 向

拉参选 2020 年美国总统的呼声。而且"Me Too"运动在短时间内从美国蔓延到整个欧洲及世界其他各地，成为一场波及全球的运动（包括中国）。这一运动从争取女性权利，反对性侵及性骚扰开始，经过社会化洗脑，已经演变成为某种危险极端思潮。例如，英国国防大臣就因为在 15 年前摸过一名女记者膝盖而被迫辞职，该名女记者对这一结果都表示匪夷所思。

女性固然要捍卫自身权利，但在这种极端价值观趋势之下，那种称赞女性漂亮也被定性为性骚扰的情况实在有违人性和普世价值。因此，近日这场反性侵运动在法国遭遇了强烈反弹，法国《世界报》发表了一封由女演员凯瑟琳·德纳芙（Catherine Deneuve）和其他 99 名来自法国艺术界、医学界和商界的女性联署的公开信。在信中，德纳芙们指斥法国版的"Me Too"浪潮为"清教主义"，一如古老的猎巫时代，声称要促进妇女的解放和保护，最终只是为了将她们奴役在永恒的受害者位置上。

时至今日，这场运动仍旧在世界范围内发酵，最终走向尚无定论。但作为经历过各种运动的中国民众，就像高晓松在其脱口秀节目中发出的警示那样，我们非常清楚这种价值观"社会化洗脑"的后果。

所以，作为一种终极力量，价值观共享始终存在天使和魔鬼这两种面孔。这让我们思考，价值观共享是否具有危险性？谁来定义正确的价值观？即使始于正确，谁来保障这种正确的走向正确？人类是否还有可能实现价值观的趋同？

自由人的联合体

非常矛盾，当价值观各自为政时，矛盾冲突乃至恐怖袭击不断。当价值观共享趋同时，又可能导致可怕的"乌合之众"。

价值观是人类世界的终极难题，也是终极力量，同时，还是人类捍卫自己的终极武器。前面探讨过关于人工智能在未来会取代人类成为共享参与者的问题，确切地说，人工智能将在社会生活的各种方面全面超越和取代人类，但仍旧有一部分人坚信在人机关系中人类留存着终极优势。

这当然不仅仅是因为"哥德尔不完全性定理"。这一定理是由捷裔美籍数学家和哲学家哥德尔（Kurt Gödel）在 1931 年发布的，他证明任何无矛盾的公理体系，只要包含初等算术的陈述，就必定存在一个不可判定命题，即一个系统漏洞，一颗永远有效的定时炸弹。在这位世界数学一哥看来，"无矛盾"和"完备"不可能同时满足。这也就意味着构建在数学逻辑之上的人工智能，无论如何智能，始终跳不出数理逻辑的有限性。

计算机鼻祖高德纳（Donald Knuth）也曾经发出感叹："人工智能已经在几乎所有需要思考的领域超过了人类，但是在那些人类和其他动物不假思索就能完成的事情上，还差得很远。""互联网预言家"凯文·凯利还认为，人类需要不断给机器人这些"人类的孩子""灌输价值观"。韩少功先生在《当机器人成立作家协会》这篇文章中写道：这就相当于给高德纳补上了一条——人类最后的特点和优势，其实就是价值观。人类不能没有逻辑，然而逻辑是灰色的，生命之树常青。

简单地讲，价值观就是人类的终极武器。

与此同时，我们也要时时修理这个武器，谨防以色列学者尤瓦尔·赫拉利在《未来简史》中的预言成真（绝大部分人即将沦为"无价值群体"，再加上基因技术所造成的生物等级化，我们可能正在准备打造出一个最不平等的社会）。谨防在价值观上犯"乌合之众"的错误，从而在经济和技术彼此高速促进的同时，释放更多共享的友好基因：开放性、自由性和资源分配的平等性，等等。就如马克思和恩格斯所畅想的那个共产主义一样，最终我们的共享模式应该是自由人的联合体。

Chapter 8

你好，数字文明

区块链成为人类数字文明高级阶段的代表性技术，它带着天生的共享气质，因其不确定性而给予人们无限想象。

也许，从区块链开始，共享经济会进入大规模化时代。而在这个时代来临之前，必将经历很多的"不靠谱"。

正如保罗·福特在《商业周刊》中所写的：大部分区块链承诺要做的事情可以通过其他技术更容易地完成……区块链怪胎的头脑里总有一个世界，而且只有真实存在，它们才会休息。

第一节　数字革命

2018 年春节前后，区块链连续刷屏。

2017 年 12 月 7 日，比特币价格瞬间飙升到接近 2 万美元，这个价格是 2017 年年初的将近 20 倍。

2018 年 1 月 10 日，知名投资人徐小平在微信群里分享区块链发展趋势的截图流传出来，并瞬间霸屏。这位投资人对区块链的大胆预测让很多人感到惊心动魄，他说："区块链革命已经到来，这是一场顺之者昌、逆之者亡的伟大技术革命。"

区块链颠覆时代的能量呼之欲出，人类彷佛正置身于一个完全不同的新时代入口，风暴在此汇聚，全世界最聪明的人都瞩目此处的一举一动，即使在夜深人静都睁着警醒的眼睛。尤其是那些见证过上一代互联网奇迹的人们，他们知道真正的机会意味着什么！也许，互联网先驱们在 20 世纪奠定的数字时代以及今天被创业者所诟病的互联网寡头经济，会出现一次重新来过的机会。

那并不是普通的机会，是几十年，甚至上百年才会出现的、缔造新世界的机会。

数字革命 1.0

显然，人类在 50 年前已经经历了一次数字革命，那时的互联网技术缔造了我们今天匪夷所思的世界数字经济体。如同区块链一样，在 1972 年也有一项类似的技术为人类的首次数字革命完成起到奠基作用，那就是 TCP/IP 协议（传输控制协议 / 互联网协议）。

在 TCP/IP 协议之前，电信架构基于"电路交换"，在这种交换中，双方或机器之间的连接必须在预先建立的网络中进行，为确保任意两个节点之间的通信，电信服务提供商和设备制造商为此投入数十亿美元进行专线的建设。TCP/IP 协议彻底改变了这种现状，新协议通过数字化将信息转变为小的数据包进行传输，而每个数据都有地址信息。在网络中，数据包可以采取任意路径到达收件人，网络节点的发送和接收节点可以对数据包进行必要的重组或解析，实现信息无障碍高效率流通，这个过程不需要专线或大量基础设施。TCP/IP 协议创建了一个史无前例的共享公共网络，这个网络本身带有分布式、去中心的特点，互联网没有自己的当局或者说政府没有对其进行维护和管理。

在那时的世界里，传统经济势力对 TCP/IP 协议充满着不信任和怀疑，正如今天部分人们对区块链所秉持的态度一样。那时很少有人想到，可以在新的架构上建立稳定的数据帝国，信息、语音、视频都能在上面实现即时传递。但是，当时间发展到 20 世纪 80 年代后期和 90 年代时，越来越多的公司，比如今天如雷贯耳的 Sun、NeXT、Hewlett-Packard 和 Silicon Graphics 等，他们利用 TCP/IP 协议创建本地化的网络。为此，他们开发了相应的构建模块和至为重要的工具，扩大了电子邮件的使用范围，并逐渐取代了更为传统的本地网络技术和标准。

到 20 世纪 90 年代中期，随着万维网的出现，TCP/IP 协议突然有了巨大广泛的应用空间，具有前瞻性和远见的新技术公司很快涌现出来，提供配套的公共网络和信息交换所需要的软硬件设施及服务，Sun 推动了应用程序编程语言 Java 的发展。随着网络上的信息呈指数级增长，Infoseek、Excite、AltaVista 和 Yahoo 诞生了，越来越多的线下被引导为线上，人类开始进入互联网文明时代。

最先被改造的是信息，新闻的传播迅速网络化，今天的门户网站就是在那时抢占到风口位置的。此后是商业的线上化，亚马逊提供的书籍比任何书店都多，人们可以在淘宝和天猫买到全球的商品，同时也改变了零售行业。与此同时，Napster 改变了音乐行业，Skype 改变了电信业务，谷歌利用用户生成的链接提供更多智能相关的结果，改变了网络搜索。滴滴和共享单车，改变了人们的出行方式，微信和脸书重新定义了新式社交，支付宝带领我们进入无现金时代……今天，世界上最有价值的上市公司中，有一半以上采用互联网驱动其商业模式。

TCP/IP 协议用 30 年的时间缔造了今天庞大的共享数字经济帝国。这个帝国，成为全球新经济的主要驱动力量。

以中国为例，2018 年 4 月 12 日，腾讯研究院在中国"互联网 +"数字经济峰会上发布的《中国"互联网 +"指数报告（2018）》显示：2017 年全国数字经济体量为 26.70 万亿元人民币，较 2016 年同期的 22.77 万亿元增长 17.24%。数字经济占国内生产总值（GDP）的比重由 30.61% 上升至 32.28%。

数字革命 2.0

2017 年，中国互联网平均每秒进入 672.5G 的信息，或为文本，或为图片，或为网页，或为视频，或为 H5 动画，或为直播，或为网游，或为小程序。这些流动的信息，为中国的互联网用户带来独具中国特色的数字生活体验①。

如果说，第一代数字革命是以互联网为代表的信息共享，那么以区块链为代表的价值互联网则是数字革命 2.0 的代表，基于区块链基础的二代互联网，是一个全新的分布式平台，人们普遍相信，这可以帮助人类重塑商业世界，并顺便将旧秩序进行正向优化。只不过，现在的区块链世界就像 20 世纪 80 年代后期和 90 年代初期 TCP/IP 协议初出茅庐的时代一样，我们正处于区块链世界的初期阶段。新世界指日可待的同时，又充满了种种不确定性。

正如 TCP/IP 协议花费了 30 年时间来证明自己的价值一样，区块链作为底层技术改变当今互联网生态所需时间，没有人可以准确预测。但可以肯定的是，来自两个方面的因素对新技术的发展前景会产生至关重要的影响。其一，就是技术的创新性和实景应用，新技术要在效率、成本、安全各方面取得突破，才具备颠覆能力。当然在现有的话语环境中，可能人们更加关注区块链的应用场景，从技术到实践，结果所证实的能力可能更具备话语权。其二，规模化应用。任何一种堪称社会基础应用的技术，必须获得全社会的广泛认可，即应用。正如只有一个人的社交网络没有任何价值一样，不具备广泛性和规模化的技术，亦不能称之为革命性的技术。

或者，除了上述两个因素，还有一个不可忽视的因素将左右区块链技术的发展方向，那就是各国政府对于这项技术的态度和监管方式。可以说，从来没有一项技术让世界范围内的政府组织如此纠结，各国政策区别

---

① 腾讯研究院：《中国"互联网 +"指数报告（2018）》。

较大，但对于技术创新，人类无法阻止。

区块链技术在 2008 年被提出，2009 年诞生该技术的第一个产物——比特币，至今这一技术已经走过了 10 年的时间，除了比特币和名目繁多的其他数字货币，其他领域如金融、医疗、物流追踪、农产品溯源、电子游戏、公益活动等虽然都有初步实践，但那一个石破天惊的"杀手级应用"尚在期待之中。为此，全世界的人们贡献了他们的狂热和渴望。新一代的谷歌和脸书，会在其中被制造出来。

当终于有一天，人们停止谈论区块链的时候，就表示区块链的时代真正来临了。

区块链的世界

对于未来的区块链来说，什么是至关重要的核心？

我们尝试探讨这个问题，一种技术想要改变世界现状，总得有其与生俱来的价值导向。

比如，区块链会进一步对现有的"权力世界"予以解放，这与共享经济的内在精神气质有如此的契合。在最近的 10 年中，我们的经济和生活逐渐被巨型公司所"包办"，美国的脸书，亚马逊、谷歌，中国人更为熟悉的阿里、腾讯等，它们曾经是友好、公平、民主的象征，但不知什么时候，它们逐渐走到自己的反面，对互联网世界的民主精神展示出反竞争，如上瘾性和破坏性这些特性。一些国内外学者开始关注和评论这个问题，他们认为互联网在进入固化时代，需要更具包容性、透明性、公平性的东西出现，区块链这种分布式去中心的特别数据存储方式，有利于互联网上每个节点参与者重新掌控自己的权益。或许，我们对基于平台为主导的商业模式已经感到厌烦，在极速的集约之后，人类向往着相对分散式的"生活方式"。

与此同时，区块链对于新一代数字经济的重要贡献，将集中在数据权益这一方面。

这一点，对现阶段及未来的数字经济生活来说，至为重要。区块链对于数据权力的解放，将杜绝脸书信息滥用这样巨大的缺陷。对于数据确权、交易使用以及数据安全，都会有全新的解决方案。

可以想象，建造在区块链之上的那个世界模型：契约以数字代码的形式嵌入，并存储在透明的共享数据库中，从而避免被删除、篡改和修改。在这个世界上，每一项协议、每一个过程、每一项任务和每一笔支付都会有一个可以被识别、验证、存储和共享的数字记录和签名。每一个数据，都有其明确的所有权，而这些权益的交互不论是在私有链、公有链还是联盟链上，都遵循一条简单但革命性的规则：从前的等级体制被自治、自由和自决所取代。这可能是区块链最容易让人类产生遐想的地方。

第二节　区块链狂潮

在过去一年，区块链在世界范围内高烧不断，同时也遭受了高压监管。

针对数字货币和ICO（首次代币发行），区块链根据不同国家的政策上演着同样跌宕起伏的剧情。

有人说，区块链要颠覆中心化权力，数字货币要与主权货币同台竞争，ICO则意图变道超车IPO（首次公开募股）。2017年没有其他任何一件事情像区块链这样充满想象能量。我们所探讨的数字经济并不以这些为核心，但却在某种程度上体现了未来的"多元"可能。

回避不了的币圈

至今为止，比特币仍旧是区块链最成功的应用，没有之一。

在过去的一年，比特币创造了真正的财富传奇。

比特币用了9年时间，从39美分上涨到将近2万美元。其中的某些时候，它用3天时间翻了一番，而在另一些时候，一天内就会暴跌40%。事实上，2017年虚拟货币大繁荣之前，比特币通常被认为是为洗钱和吸毒提供安全交易通道的一种方式，今天，在媒体广为传播之下，大众已经将其看作非常不错的投机资产。波动频繁且幅度很大，是这一资产的主要机会表现，特别契合某些机会主义者的胃口。

2017 年之所以比特币暴涨，与某些传统金融系统对其的"礼遇"分不开。2017 年 12 月 1 日，芝加哥商品交易所集团（CME）宣布，计划于 12 月 18 日推出比特币期货合约。三天后，其竞争对手芝加哥期权交易所（CBOE）也宣布，将于美东时间 12 月 10 日下午 6 点推出比特币期货。正是这两条消息，让比特币跃升到 2 万美元附近。

比特币的急剧升温，带动了世界范围内对数字货币的探讨和实践。比特币之后的各种虚拟货币也如雨后春笋一般被"创造"出来，其中包括众多打着"区块链"概念的"伪币"，这使得各国政府都对其持警惕姿态，例如韩国，曾意图禁止虚拟货币交易，却遭到 20 万韩国民众的反对。中国央行虽然在较早就开始着手数字货币的研究，但对民间的虚拟货币交易并不友好，2018 年 1 月 16 日，中国人民银行副行长潘功胜认为，应该禁止虚拟货币的集中交易，同时禁止个人和企业提供相关服务。业内人士认为这会是央行对虚拟币监管最严格的一次。这导致整个数字货币市场全线下跌。

然而 2018 年 4 月份，数字货币却又有了"柳暗花明又一村"的转机，16 日，《人民日报》发文称：从技术角度看，"全面禁止数字货币难以实现。"这一文章讨论了诸多细节，而非全盘予以否定。有人认为这是监管松口的前兆，而其中最令人们激动的一处是："虽然加密数字货币存在众多缺陷，但也是具有价值的实验，尤其是在超主权货币探索方面。与贵金属货币、信用货币的价值依托有所不同，其面向的是数据时代的"交易基准共识"的发掘。"①

---

① 人民网：《经济透视：数字货币的理想与现实》，2018 年 4 月 16 日。

显而易见，这在某种程度上是对数字货币超主权特性的一种认可，承认在主权货币之外存在着所谓"法外之币"的生存空间，只不过这些没有政府信用背书的数字货币，在更多情况下被看作资产，如比特币。

因此，在文章最后也强调：如果受到太多价格波动、投机炒作、通缩限制等影响，加密数字货币在支付功能方面无法真正落地，则只能距离"货币实验"越来越远，或者成为某种特殊的基础"数字资产"，或者在历史长河中昙花一现。这也可以看作是某种告诫。

关于 ICO

作为区块链的另外一个著名产物——ICO，在我国已被禁止。但这并不妨碍这作为一个重要话题被探讨，因为在世界范围内，这仍旧是区块链相关项目的主流筹资方式。

就像业内人士所说的那样，ICO 从未停止，只不过都转移到了海外。在国外一些激进的拥趸评论者甚至将 ICO 定性为 21 世纪的主要筹资方式。

EditorAi（一个服务媒体人的网络编辑人工智能辅助系统）从旗下BCWhitePaper.com 的数据库中根据项目白皮书情况统计了 1400 个区块链项目，而且这些项目都是有交易数据的。

毫无疑问，目前区块链项目最多的国家是美国、俄罗斯、英国等国家（见图 8-1）。更具统计意义的是，这些区块链项目最多的应用领域就是数字货币，之后才是平台和技术基础类项目（见图 8-2）。

这至少说明了两个问题：第一，世界范围内的 ICO 的确仍旧是区块链世界主流。第二，人们对数字货币或者说加密货币，仍旧持有高度热情。如果说数字货币代表未来世界的话，那么现在在世界范围内，或许已经掀

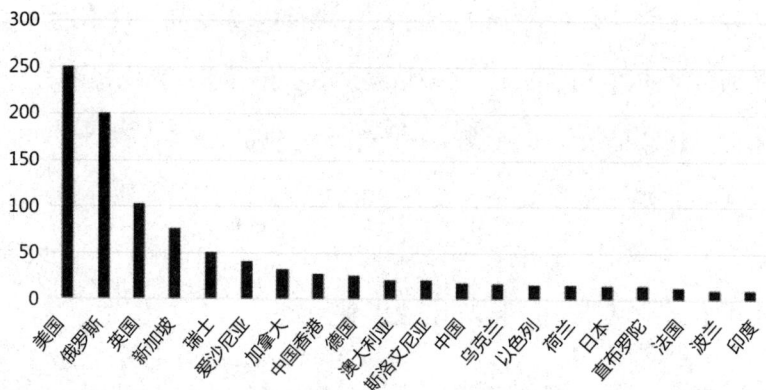

图 8-1　全球区块链项目分布（2017 年 7 月 1 日~2018 年 1 月 19 日）

资料来源：温泉：《当满屏都是区块链暴富或泡沫时，我们只想安静地阐述几个事实》

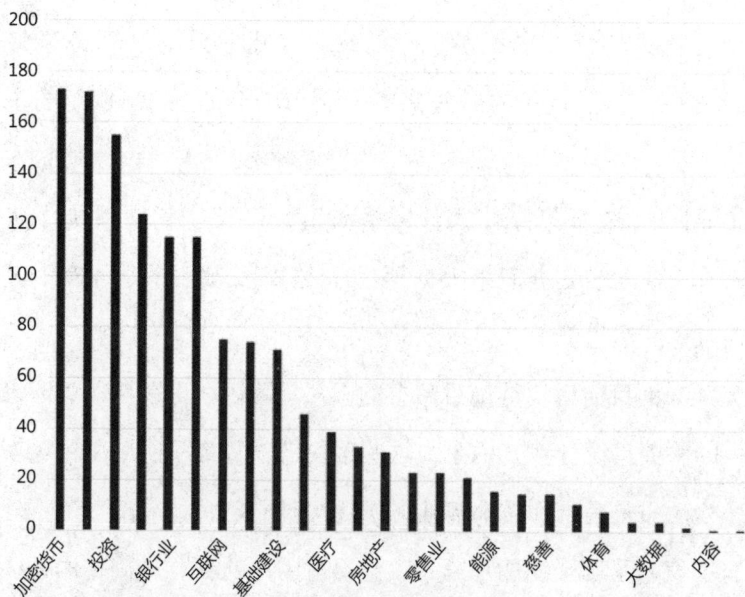

图 8-2　全球区块链项目领域分布（2017 年 7 月 1 日~2018 年 1 月 19 日）

资料来源：温泉：《当满屏都是区块链暴富或泡沫时，我们只想安静地阐述几个事实》

起了一场"秘密"的竞争，来自主权数字货币和民间私有数字货币之间的竞争。

至于 ICO，在禁令之前，贵阳众筹金融交易所曾经有过 ICO 交易市场的设计，事实上那就是一个类似股权众筹的二级交易市场，只不过伴随股权众筹政策瓶颈和 ICO 禁令，这些设计只能继续"等待"。尽管禁止 ICO 在很大程度上打击了那些"空气币"项目，但与此同时也产生了一些令人遗憾的结果，知名学者杨东教授在公开采访中就多次谈论到这个话题。ICO 的火爆在某种程度上显示了我国多层资本市场构建的欠缺以及长期以来的民间融资困境。

ICO 当然应该严格予以监管，但一刀切式的禁止，导致优秀区块链项目及资金都流向了海外，这似乎也不是我们想要的结果。

打击与激励

纵观全球，各国对于数字货币和 ICO 的监管方式存在很大差异，有些国家甚至表现"激进"，例如发行"石油币"的委内瑞拉。当然，这都不属于主流情况，对于我们来说，值得参照的是日本、美国正筹谋将 ICO 作为证券的监管加以合法化。

根据彭博社（Bloomberg）报道，2018 年 4 月 5 日，日本商业研究小组起草了一份提案，要求政府以非严厉的方式监管 ICO，目的是保护投资者的利益，同时鼓励新兴的 ICO 行业的发展。提案包括识别投资者的规则、防止洗钱、跟踪项目进展情况以及保护现有的股权和债权人。

ICO 在本质上就是一种募资方式。从促进技术创新角度讲，在监管范围内予以鼓励似乎更能抢占该领域先机。尤其是以宝马和优步之类为代表的全球性公司正在率先发行代币（Token），似乎表示一种新潮流的到来。

在这里我们还特别要关注一下日本，这个曾经的亚洲第一强国貌似希望通过这一波数字经济再现辉煌。它是全球唯一一个承认比特币是支付工具的国家，在 2017 年 4 月 1 日，日本国内修订过的《支付服务法案》正式生效，比特币作为虚拟货币支付手段的合法性得到承认。虽然日本并未承认比特币的货币地位，但却承认这是一种支付工具，承认数字货币交易所的合法地位，且允许了发行法定的数字货币。

2017 年 7 月 1 日，日本新版消费税正式生效，比特币交易正式不再需要缴纳 8% 的消费税。也就是说，日本政府已经批准免除数字货币交易税，包括比特币。这使得日本成为比特币交易第一大国。

很多人认为，今天的区块链生态就像 1999 年的互联网泡沫，而今天那些互联网寡头，如谷歌、脸书及国内的 BAT，都是在互联网泡沫之后出现的企业。或许等这一轮数字货币及 ICO 泡沫散去，真正"杀手级应用"的区块链项目就会出现了。那时，少部分代币将会再次上演财富神话，而多数数字代币则如垃圾一般一文不值。

狂潮之后，我们将迎来真正的数字经济高潮。只不过，这一高潮会送哪个国家再次攀上风口浪尖却是一场世界范围内的激烈博弈。

第三节　不确定即为可能

华尔街有句名言："不确定即为可能。"因此，一切不确定的东西都被赋予超乎所以的想象和抱负。

在数字经济三巨头即大数据、人工智能和区块链中，区块链更多地被人们所谈论，也拥有最多的不确定气质。谷歌的数据也很好地说明了区块链是 2017 年最受欢迎的流行语之一，比 2016 年的流行度高 4 倍。

数字经济三巨头

区块链当然不是数字经济的全部。应该说，大数据、人工智能和区块链在今天来说堪称数字经济三巨头，而且它们互为基础。

大数据承担的角色是核心生产资料，而核心生产资料的困境，目前来看区块链或许刚好可以予以解决。例如，数据的共享、数据的真实性以及数据的安全性、隐私性。区块链促使数据更加诚实和可靠，也就是赋予数据以信誉，而这些拥有信誉的数据则被更高效地用来"喂养"人工智能。

我们最终要的结果是社会进化至"AI 时代"，AI 帮助我们完成计算、评估、识别乃至决策，但与此同时，我们还需要区块链完成验证、执行和记录。数据则是这一切的基础。

三者是彼此互补和互相协同的关系。AI 为决策过程增加智能性和洞察力，区块链则提供了高效货币化的交易保障，以及分权和流程改进。艾伦·莫里森（Alan Morrison）在《AI 和区块链的阴阳和合》（*The Yin and Yang of AI and Blockchain*）一文中将人工智能和区块链视作"阴阳和合"的两种元素，他认为 AI 更像是一个创意者，它可以通过算法在复杂的环境中提供各种有效的解决方案。相较而言，区块链则扮演了重要的中间人角色，以帮助任意双方迅速建立所需的信任。但应该注意到，促使这阴阳二元交互流通的是不可或缺的数据。

因此，我们可以断定，数字经济 2.0 时代，应该更具备共享特征。共享经济是数字经济的基本架构，但是，共享是否真正促进社会财富和权益的民主，却未可知。

低摩擦世界

可以确认的是，通过区块链，未来数字经济的一切都将在共享账本以及智能合约上进行交互，而且是一种高效交互方式。

如果说在互联网时代，人类就已经创造了一种无缝链接世界，那么数字经济 2.0 时代将创造一个低摩擦的世界。这是由基于区块链技术的智能合约所带来的，有人认为，智能合约将是 21 世纪最重要的存在。

"智能合约"并不是由区块链衍生出的次级概念，它是由计算机科学家、加密大师尼克·萨博于 1993 年左右提出来的；1994 年，他写了《智能合约》（*Smart contracts*）论文。那么所谓智能合约的理想应用场景，就好比街道上摆着的自动售货机一样，是一种可以自行触发并完成交易的操作形式，是一切交易的最理想状态。

之所以这种理想状态一直未能实现，是因为区块链之前的基础设施无法提供实现路径，即现有的计算机程序不能真正自动触发支付。

"区块链技术的出现和被广泛使用，正在改变阻碍智能合约实现的现状，从而使尼克·萨博的理念有了实现的机会。区块链不仅可以支持可编程合约，而且具有去中心化、不可篡改、过程透明可追踪等优点，天然适合于智能合约；数据无法删除、修改，不用担心合约内容会被篡改；执行合约及时、有效，不用担心系统在满足条件时不执行合约；同时，全网备份拥有完整记录，可实现事后审计，追溯历史。"[1]换而言之，这使得交易或者说一切交互，都可以自动触发、完成，并可实现追溯。

未来的生意，可能是智能合约与智能合约之间的事情、代码与代码的交流，所有人工将"下岗"，而代码之间只有是否触发交易，而不存在摩擦。

人类的选择

代码代替人工，AI代替人类。这是进化的自然选择还是人类自己的"了断"？

区块链、比特币们带给人类以种种"不确定的可能"，让全世界为之痴迷。也许，其中的逻辑是投机，是投资，是创新，是对未来的一场"隆重迎接"。但也有人持有不同的观点和思考。或者比特币们的崛起背后，深藏着人类对自己的不信任。

让我们回忆一下比特币创世时的情景。

2009年1月3日，比特币的创始人中本聪在创世区块里留下一句永不可修改的话："2009年1月3日，财政大臣正处于实施第二轮银行紧急援助的边缘。"

---

[1] 水伯：《公司2.0：区块链技术＋智能合约经济时代（以华为虚拟股权为例）》。

比特币是在最近的一次金融危机的背景下诞生的。2008 年金融危机的后遗症时至今日仍旧在影响全世界，人类的贪婪和愚蠢，似乎只是在进化中进行了华丽包装。华尔街及其所代表的精英阶层失去了广大民众的信任，比特币价格的不断攀升或许从另外一个层面说明了社会信任正从权力机构向计算机代码转移。

"这是社会各个角落的趋势，当我们担心人为错误时，我们选择了相信技术。"技术，将改变一切。只不过，现在还没有完成而已。

但我们深信，人类站在此刻，最终将会再次主动用自己的创新之力改变命运。届时，在数字文明的技术创新和经济制度变革推动之下，世界各国人民将真的构建起"人类命运共同体"。

附 录

"贵州消费扶贫三年行动"在贵阳启动

2018年4月21日，"贵州消费扶贫三年行动"启动大会举行，来自全国各地的1500余名采购商和贵州省部分深度贫困县的农产品供应商齐聚贵阳，共同用"消费"助力脱贫攻坚。

据介绍，该行动将用3年时间，对口帮扶贵州省14个深度贫困县，推介上百个农产品品种，为每个深度贫困县消费1000万元人民币优质生态农产品，预计总金额将超过1亿元人民币；同时，邀请500余家消费主体对接深度贫困县，助推农产品"泉涌"。

"贵州消费扶贫三年行动"大会现场

"数据"搭建平台 "消费"助力脱贫
——"贵州消费扶贫三年行动"启动大会侧记

谷雨时节，柳絮飞落，樱桃红熟。

在生态怡人、景色优美的贵阳市，来自全国各地的 1500 位客商，在欣赏完爽爽贵阳后，又把目光聚焦到贵州 14 个深度贫困县的绿色生态农特产品上。

这是"贵州消费扶贫三年行动"启动大会现场，这是贵州脱贫攻坚关键时期的又一有益探索。

2018 年 4 月 21 日下午，"贵州消费扶贫三年行动"启动大会在贵阳生态文明国际会议中心举行，来自全国各地的 1500 余位大数据采购商以及贵州 14 个深度贫困县的农产品供应商齐聚一堂，共同用"消费"助力贵州脱贫攻坚。

"贵州的农特产品不仅绿色安全，还各有特色。未来贵州的经济发展潜力巨大，愿意通过扶贫的方式参与到贵州的发展中来。"来自福建的贵州酒业经销商朱安庆期待地说。

"大家都知道，贵州的农特产品好，但在黔货出山的过程中，我们同样遇到货难卖、路难走的难题。消费扶贫，为我们贫困县的黔货出山开辟了新的路径。"望谟县副县长龚义杰满怀信心地说。

"农产品要有人吃、有人买才是真正的扶贫。通过开展'消费扶贫三年行动'，建立全省农业产业脱贫攻坚大数据消费服务平台，线上线下一起发力，让全国各地的消费者都能便捷地购买贵州农产品，必将推动黔货出山。"贵州省政协农业农村委员会主任李月成坚定地说。

由贵州省供销合作社联合社、贵州省国际国内公共关系协会、贵州省兴黔生态农业研究院、贵州省粮油流通商会、贵州省大美黔菜研究院、贵

附　录

州贵人大数据区块链产业发展股份有限公司（以下简称贵州贵人大数据公司）等共同发起的"贵州消费扶贫三年行动"，将用3年时间，用1亿元人民币消费扶贫专项资金，对口帮扶贵州14个深度贫困县，推介、塑装100个农产品品牌，邀请500家消费主体，每年为每个县消费1000万元人民币优质生态产品，以"现金支付、数字消费、门店消费"的模式，助推深度贫困县生态农产品"泉涌"。

聚焦茶叶、食用菌、蔬菜、生态家禽和中药材5个特色优势产业，依托贵州贵人大数据区块链产业发展有限公司，将建立全省农业产业脱贫攻坚大数据消费服务平台，为全省深度贫困县提供消费扶贫对接窗口，为深度贫困县区农产品"泉涌"工程提供数据消费平台。

新思路带来新视界，新方法助推新发展。

启动大会现场，贫困县与贵州贵人大数据公司、贵州今黔兴农农业发展有限公司签署战略合作协议；贫困县供货商代表与贵州贵人大数据公司、贵州今黔兴农农业发展有限公司签定农产品供应协议；而20位来自贫困县的供货商代表，则以现金的方式领取首批订货资金。

一本本鲜红的签约合作书，见证着贵州生态农产品的出山之路，更代表着贫困县群众的致富梦想。

从江县刚边乡香麻村支书梁绍锋带着全村人的致富希望，来到启动大会现场，他带来的从江香猪腊肉、香肠以其原生态的本质吸引了一个又一个采购企业。

介绍产品、发放名片、扫描微信，一座座沟通的桥梁和销售的渠道在一问一答间悄然建立。

"今天这个活动太有意义，我们合作社由14户贫困户，辐射带动70余户农户，如果能通过'消费扶贫行动'找到销路，老百姓脱贫致富就指日可待了。"梁绍锋激动地说。

贵州贵人大数据公司董事长张冲作为本次活动的发起人和承办方，对大数据带动消费扶贫充满信心，"我们将邀请更多和我们一样致力于消费助推扶贫的经销商、实体门店及伙伴，响应贵州消费扶贫三年计划，用实际行动践行消费扶贫倡议。"

围绕消费扶贫，下一步还将举行"贵州深度贫困县 100 个优质农产品品牌"发布会、"贵州数字消费助推贵州贫困县消费扶贫签约仪式""数字消费助推贵州贫困县消费扶贫宣言"发布仪式、"500 家消费主体现场认购签约仪式"等系列活动。

大幕已开启，从心再出发。让我们从春天出发，朝着脱贫攻坚的目标，奋力前行。

专 访

向忠雄（贵州省供销社党组副书记、副主任）：

供销社将运用遍布贵州乡村的强大网络优势，为消费者提供优质的农产品，解决贫困户销售难的问题，让消费者参与扶贫，用消费形成强大的扶贫同心圆。消费扶贫是一个行之有效、立竿见影的精准扶贫模式。

齐新潮（贵州省委决策咨询专家、贵州省国际国内公共关系协会会长）：

没有精准扶贫的创新举措，就难有扶贫攻坚战的重大突破，没有全社会的共同参与，就难以根治深度贫困的顽疾。通过消费带动贫困地区产业发展，进而帮助贫困人口脱贫，这是扶贫事业可持续的重要方式。在此过程中，每个经销商、"消费扶贫爱心大使"都发挥着巨大的作用。消费扶贫是所有消费者都可以参与的公益行为，消费扶贫不仅是做公益，对于各地区经济发展乃至国家精准扶贫目标的实现更是意义非凡。

刘文献（区块链金融协会会长、贵州省国际国内公共关系协会名誉会长）：

精准扶贫是政府号召的，每一个社会组织和企业都应承担的社会责任，也是一项大有作为的工作。"爱心扶贫大使"称号的获得不仅可以塑造企业形象，扩大企业影响力，更可以发挥企业辐射带动作用，激发更多力量积极响应省委、省政府号召参与扶贫帮困，为加快推进脱贫致富进程贡献力量。

张冲（贵州贵人大数据区块链产业发展股份有限公司董事长）：

我们将邀请更多和我们一样致力于消费助推扶贫的经销商、实体门店及伙伴们成为"消费扶贫爱心大使"，响应贵州消费扶贫三年计划，用实际行动践行消费扶贫倡议。

杨松（贵州省兴黔生态农业研究院院长、省检察院人民监督员）：

扶贫攻坚时不我待，脱贫攻坚人人有责，我们要通过消费使贫困主体增收、脱贫、致富，帮助更多农民致富，扎扎实实为贵州的扶贫工作开拓新路径，做出新成绩，树立新样板。我们将全力以赴做好消费扶贫这项工作，不断壮大消费扶贫队伍，不遗余力助推贵州实现到2020年全面脱贫的发展目标，在精准扶贫的伟大进程中写下属于我们浓墨重彩的一笔！

贵州哪里好
——贵州贵人大数据公司各地优秀经销商会场发言

茶好

贵州茶产业集生态、经济、休闲、旅游、文化传承功能为一体,具有变资源优势为产业优势、经济优势的重要基础。随着交通条件、物流条件的改善,茶产业借力"互联网+",必将成为推动全省产业转型升级的重要着力点和新的经济增长点。未来贵州通过茶产业刺激经济发展的潜力巨大,所以愿意通过扶贫的方式参与到贵州的发展中来。

——王 震

稻米好

贵州独特的地方特色稻在国内外具有良好的声誉。如黔东南香禾糯米糯性强、口感好,更具有传统的、独一无二的"稻鱼共生、摘禾挂凉"原生态种稻文化。

贵州发展优质稻米产业应该采取"以无公害为基础,以中档优质稻米为重点,以高端优质稻米为突破口"的策略。

——韩镓翼

酒好

白酒产业在贵州省经济发展中起着重要的作用。近年来,贵州白酒产量、工业总产值和增加值稳步提升,主要经济指标增速均处于全国领先地位。黔酒的跨越式发展,有效推动产业转型升级和提质增效。未来贵州酒业的经济发展潜力巨大,所以愿意通过扶贫的方式参与到贵州的发展中来。

——朱安庆

附　录

食用菌好

贵州省要把食用菌产业作为助推脱贫攻坚的特色优势产业来发展，一是有产业基础，二是有独特优势，三是有市场前景，四是有带动效应。计划用三年（2017~2019年）时间，力争全省食用菌产量达到240万吨，产值达到300亿元人民币，累计带动建档立卡贫困人口50万人脱贫。未来贵州通过种植食用菌刺激经济发展，潜力巨大。

——李　霞

水果好

贵州海拔差异大，立体气候明显，同品种成熟期从低海拔区到高海拔区可持续1个月左右，具有生产精品水果的气候条件；同时，贵州果树资源十分丰富，能生产从南亚热带到温带的各类优质水果，发展精品水果不仅能满足省内市场的需求，还有参与国际竞争的潜力。

——唐淑珍

辣椒好

目前，以虾子"中国辣椒城"为中心的"一城三园"，以信息化、规范化、标准化、产业化的高起点，正成长为"中国辣椒，集散虾子，买卖全球"的世界级辣椒集散中心。未来贵州通过辣椒交易，经济发展的潜力巨大。

——苏晓虹

风景好

贵州是世界知名山地旅游目的地和山地旅游大省，省国土资源厅发布贵州省旅游资源大普查终期成果，贵州省31053处已开发或正在进行规划、开发的单体旅游资源正式向社会公布，另有51626处新发现的资源单体充分说明贵州省旅游后备资源丰富，旅游业发展后劲十足。

——焦俊铭

内陆开放型经济试验区建设好

2016 年 8 月 15 日，国务院发布关于同意设立贵州内陆开放型经济试验区的批复。未来贵州的发展和发展潜力将是巨大的，政策的倾斜，可以刺激贵州的经济，贵州未来产业也可以得到长足的发展。

——刘易程

畜牧产品好

从江香猪以其"体型矮小、肉质香嫩、基因纯合、纯净无污染"等四大特点而著称，被评为国家二级珍稀保护畜种。从江香猪以放牧为主，不喂任何配合、混合饲料，是绝对纯净无污染的绿色食品。

——刘福成

大数据产业好

贵州是全国首个国家级大数据综合试验区。贵州的大生态、大扶贫、大数据都是未来贵州经济的爆发点，通过大数据推广大生态，带动大扶贫，未来贵州经济的潜力巨大。

——苗春梅

贵州消费扶贫三年行动暨设立"贵州消费扶贫日"倡议书

实现共同富裕，是社会主义的本质要求。打赢脱贫攻坚战，是党中央、国务院，贵州省委、省政府做出的庄严承诺，是全社会的共同责任。为认真贯彻落实党的十九大和省委农村工作会议精神，充分发挥大数据作用，利用好大数据服务农业生产，助力扶贫攻坚，积极响应省委、省政府《关于坚决打赢扶贫攻坚战确保同步全面建成小康社会的决定》（黔党发〔2015〕21号）和省政府"2018年脱贫攻坚春风行动令"，促进全省农产品"黔货出山"和绿色优质农产品"泉涌"工程，贵州省供销社、民革贵州省委员会、贵州省社会科学界联合会、贵州省国际国内公共关系协会、贵州省兴黔生态农业研究院、贵州省粮油流通商会、区块链金融协会、贵州贵人大数据区块链产业发展股份有限公司等作为发起单位，决定在全省贫困县区开展"贵州消费扶贫三年行动"。

作为全国贫困人口最多、贫困面积最大、脱贫攻坚任务最重的省份，贵州毫无疑问是中国脱贫攻坚的主战场。党的十八大以来，贵州五年时间减少农村贫困人口700多万人，减贫、脱贫成效显著，创造了脱贫攻坚的"贵州经验"。当前，脱贫攻坚已经到了啃硬骨头、攻坚拔寨的冲刺阶段，贵州还有300多万农村贫困人口尚未脱贫，这是"十三五"时期的首要目标，是头等大事和一号民生工程。

值此"贵州消费扶贫三年行动"启动大会召开之际，我们谨向全社会发出倡议：

一、在"联合国消除贫困日"和中国"国家扶贫日"之时，在贵州同步设立"贵州消费扶贫日"，倡议全省消费者为贫困县区人均购买10元人民币以上农特产品进行"消费扶贫"。倡议全省企业家为贫困县地人均购买1000元人民币以上农特产品进行消费扶贫。鼓励全国电商流通企业尤其是贵州的电商流通企业和大数据电商企业，每年采购100万元人民币以上的贵州生态农特产品销售或回馈赠送消费者。

二、凡参与此项消费扶贫活动的消费者，均有可能获得贵州消费扶贫三年行动组委会颁发的"消费扶贫爱心天使""消费扶贫爱心大使""消费扶贫爱心团体"等荣誉称号。

三、倡议贵州省在全国率先成立"消费扶贫行动组织委员会",建立消费扶贫专项基金,长期持续开展此项工作。

四、倡议"消费扶贫爱心使者"与我省深度贫困县、贫困村、贫困户开展互动活动,让消费扶贫爱心使者亲身感受我省贫困地区发展环境和绿色优质农产品的生态生产环境。

五、本倡议书由本次活动所有单位共同发起,期待更多消费扶贫爱心人士共同参与,为贵州精准扶贫建言献策,贡献力量。

我们倡议,全省社会各界人士以此行动为契机,主动伸出援手,积极参与和支持消费扶贫行动,帮助广大贫困群众提高能力、发展生产、增加收入、改善生活,充分展现全省消费者乐善好施的传统美德和扶贫济困、助人为乐的博爱情怀,助推全省决胜脱贫攻坚。我们坚信,全社会为"消费扶贫"事业的关心与付出,必将成为贫困群众脱贫致富的强大动力。

我们承诺,将落实好每一项扶贫政策措施,促进消费者更加便捷、安全、可靠、可持续地参加"消费扶贫"行动,使用好每一分消费扶贫资金,并真诚接受"消费扶贫爱心使者"和社会各界监督,为促进贵州到2020年与全国同步实现小康社会的目标而共同奋斗。

贵州消费扶贫三年行动发起单位

2018 年 4 月 21 日

人类对区块链的渴望原来自古就有

杨东，中国人民大学法学院教授、博导、副院长，金融科技与互联网安全研究中心（央行支付清算协会金融科技专委会副主任单位）主任。教育部首批青年长江学者，全国十大杰出青年法学家提名奖。全国人大证券法、期货法、电子商务法立法专家，工商总局反不正当竞争法修改课题组成员。国务院互联网金融专项整治办公室专家。网信办中欧数字经济专家工作组成员。中国首部区块链法律专著《链金有法》作者。

初识区块链

最早接触区块链，是因为我研究众筹、研究互联网金融，所以中国社会科学院的几位博士2014年下半年找到我说，能不能把区块链技术，运用到当时如火如荼蓬勃发展的互联网金融这样一个新兴的金融的业态当中，当时我就跟他们一起做了一个课题，我带着我的学生团队做课题，就想着怎么把区块链更好地运用到互联网金融的发展中来。尤其是众筹的发展当中，因为众筹包括产品、股权、资产登记、发行、转让，特别需要区块链技术作为一个登记、转让的一个底层的技术，所以当时跟他们做了一些非常好的研究——互联网金融的研究和众筹金融的研究，为此他们主动找我，做一些区块链结合的研究。

所以后来我的一个学生，追随他们，毕业后就直接跟他们创业了，成立了一家叫金股链的公司，专门做区块链解决股权资产的登记、转让问题。没想到金股链，在半年内获得了 500 万元人民币的融资。

当然，这也让我能够更全面、更系统地去研究区块链，所以我在 2015 年 10 月份出版了《互联网＋金融＝众筹金融》这本书，书中用专门的章节把区块链写在了和互联网金融结合的一些创新的模式当中。这应该是全中国将区块链写入书里的第一本书。

《链金有法》创作初衷

写完《互联网＋金融＝众筹金融》这本书以后，因为只是写了一点（把区块链和互联网金融结合起来），我感觉不过瘾。2014 年下半年到 2015 年只是刚开始研究，我觉得区块链是一个很庞大的体系，不仅仅涉及很多密码学、技术问题，实际上还涉及很多其他的如监管、法律、模型等更复杂的问题。特别是对我们学文科的、学法律的、学经济学金融的学者来说，也是一个非常有意思的技术，所以我觉得非常有必要系统地去研究。区块链的商业应用当中会有什么问题？怎么去解决？怎么去防范它的风险？怎么更好地将其运用到实践当中？又能如何获得一个非常好的发展？所以这是我写《链金有法》这本书的初衷，所以这也让我能够更好地了解这个领域全球研发的情况。并且我边写也边跟一些地方政府，如贵阳、青岛、赣州及其他一些地方合作，包括一些企业的项目、沙箱监管机制等，从而更好地将理论与实践结合起来。对于我来说，这也是一个非常好的理论和实践相互促进的过程，给学生讲课我就更有素材。这本书内容十分丰富，汇集了国内和国外、地方和中央有关区块链的相关知识与案例，是一个非常好的交流平台。

对区块链的理解

区块链是一个非常庞大的体系，而且非常精深。它不仅仅是一种技术，更是一种生产关系，是一种规则体系的结合体。如生物识别、量子技术、人工智能、大数据等，主要还是一种技术，主要还是一种生产力，而区块链它更像是生产关系的重构，更像是一个规则体系的重建。

因为它解决的不仅仅是技术本身，它解决的是人与人之间的关系；因为它通过技术能够让人与人之间的关系不通过第三方，能够形成一种信任关系。人类社会几千年来都没有实现过，不通过任何一个第三方的平台，我们之间就能够形成信任，而这只能通过技术。

因为它能够实现我们之间信息的对称性。为什么熟人之间能够相互信任？它是经过多少年的磨合、交往及相互的信息对称，才能够有信任关系，才是好朋友，才是亲戚关系。除血缘关系之外，其他的关系都是靠长期交往，但是这个成本太高。

所以，如果有一种技术能够让我们不需要太高的成本就相互信任，这样就可以使我们的社会交易、交往变得更顺利、便捷、高效、低成本。

几千年来，人类社会花在信任关系方面的成本太高了。为什么会有战争？为什么会有世界大战？就是因为相互不信任，所以需要打仗来解决政治问题。

如果相互信任了，很多情况下不需要通过战争，可以通过外交协调来解决矛盾。所以区块链在某种意义上，对于人类社会的发展和文明进步而言，比其他技术更为革命性。

其实区块链不复杂，它就是能够通过技术，高效低成本解决人与人之间的信任问题。

颠覆性技术如何颠覆？

十九大报告当中专门提到颠覆性技术，我理解这包括区块链技术。顺便说个小插曲，好像我们十九大报告当中没看到"区块链"这三个字，但是我能解读出来它包括区块链，颠覆性技术里其实包括区块链。它是对人类社会生产和社会关系具有颠覆性的一种革命，它当然是一个颠覆性技术了。

十九大报告在促进现代经济当中特别提到了"要促进互联网、大数据、人工智能和实体经济的深度融合"，这里面虽然没有写区块链，但是人工智能本身其实离不开区块链技术。因为它是通过大数据，构集的新的一套智能化的、深度学习的体系。没有智能合约、没有通过区块链技术保护个人隐私、个人数据、个人信息的话，就不可能形成当前的人工智能的发展。因为当前人工智能的发展，跟以往的神经学、脑神经学的人工智能很不一样，它是基于重复数据的一种集合与深度学习之后的智能化的措施。所以数据是基础，但是如何保护数据？如何既实现数据共享又能够让我们的个人隐私、个人信息得到保护？区块链和量子通信、量子技术一样，它能够在保护个人信息的同时实现数据共享。

实际上十九大报告，我认为还是包含了区块链技术的。当前很多政策，包括人民银行的《中国金融业信息技术"十三五"发展规划》中都提到了区块链技术。比如，中国电子学会——连续举办三届世界机器人大会——刚刚成立了区块链专家委员会，央行的数字货币研究所所长姚前担任主任委员，我本人也有幸担任副主任委员。

附　录

　　我认为区块链技术只有应用起来，才能使数字货币一些非常超前的、非常重要的底层基础设施得到非常好的运用。

杨　东

中国人民大学法学院副院长、中国科技金融 50 人论坛创始人、

《众筹金融＋》作者

杨东教授解读证监会《股权众筹试点管理办法》立法计划及具体建议

编者按

为进一步做好 2018 年证券期货监管立法工作，持续推动证券期货监管法治化建设，完善证券期货监管法律实施规范体系，证监会于近日印发了 2018 年度立法工作计划，对 2018 年全年的立法工作做了总体部署。其中特别明确指出："以服务国家战略为导向，提升服务实体经济能力，进一步增强资本市场直接融资功能，改革完善发行上市制度，制定《股权众筹试点管理办法》。"

这与党的十九大报告明确指出"深化金融体制改革，增强金融服务实体经济能力，提高直接融资比重，促进多层次资本市场健康发展"的改革方向是一致的。

2018 年 1 月 3 日，"众包众筹众创"再次被李克强总理主持的国务院常务会议提及："创新体制机制，激励企业和社会力量加大基础研究投入，探索基础研究众包众筹众创。"

2017 年 11 月，在证监会党委举办的系统会管干部学习贯彻党的十九大精神第一期专题轮训班上，证监会主席刘士余也特别指出："积极探索股权众筹试点。"

　　以上都透露了官方对于股权众筹十分积极的态度，也表明股权众筹试点指日可待。

　　杨东教授作为国内最早关注研究众筹的学者之一，提出了众筹金融理论。杨东教授作为证券领域唯一全国性的研究社团证券法学研究会的副会长，长期以来一直致力于推动股权众筹研究的发展，一直呼吁修改《证券法》、开展股权众筹试点。2014年中国证券业协会成立了股权众筹专业委员会，杨东教授作为该专委会唯一的专家委员，也努力推动股权众筹试点工作的开展。

　　杨东教授作为全国人大法工委证券法修改课题组成员，从2014年开始也着力于推动《证券法》的修改，《证券法》修改的二审稿也成功设立了股权众筹的条款。目前，他正积极配合全国人大法工委推动《证券法》的修改，进一步明确股权众筹制度。

　　杨东教授同时也是中国证监会、证券投资者保护基金有限责任公司投资者保护工作专家委员会委员，目前也致力于从投资者保护角度研究股权众筹试点如何开展。

　　杨东教授与中关村管委会、贵阳市人民政府、重庆市人民政府等地方政府开展了相关的股权众筹研究工作，推动了包括贵阳众筹金融交易所等在内的地方层面股权众筹试点的研究工作。

　　杨东教授出版了《艺术品众筹》《互联网＋金融＝众筹金融》《赢在众筹》《互联网金融第三浪：众筹崛起》等专著，发表多篇众筹金融研究论文，发表于《国家检察官学院学报》（2014年第4期）的《股权众筹平台的运营模式及风险防范》《贵州民族大学学报（哲学社会科学版）》（2014年第2期）的《互联网金融视阈下我国股权众筹法律规制的完善》两篇论文引用量分别达 336 次、211 次，位居知网以"股权众筹"为题的研究论文第一及第二。

之前部分媒体曾报道称："中国人民大学大数据与监管科技实验室主任杨东透露，……合法的股权众筹 ICO 即将来到。"此类报道为断章取义，杨东教授并未提出 ICO 即将合法化，而是强调股权众筹试点正在研究当中，可以借由区块链等技术发展股权众筹。

杨东教授认为，从结构上来说，证券性质的 ICO 在满足一定条件下具有类似于股权众筹的特点，在重启股权众筹试点的背景下，研究此前 ICO 出现的乱象，总结监管经验，对于鼓励创新和防范风险十分必要。他呼吁各方人士不要受部分不实报道所误导，应更加关注区块链行业健康有序发展和风险防范，打击违法犯罪行为。

正文解读

党的十九大报告旗帜鲜明地指出："深化金融体制改革，增强金融服务实体经济能力，提高直接融资比重，促进多层次资本市场健康发展。健全货币政策和宏观审慎政策双支柱调控框架，深化利率和汇率市场化改革。健全金融监管体系，守住不发生系统性金融风险的底线。"

新时代中国特色社会主义思想为深化金融体制改革指明了方向，也提出了新的使命和要求。

为进一步做好 2018 年证券期货监管立法工作，持续推动证券期货监管法治化建设，完善证券期货监管法律实施规范体系，证监会于近日印发了 2018 年度立法工作计划，对 2018 年全年的立法工作做了总体部署。其中特别明确指出：以服务国家战略为导向，提升服务实体经济能力，进一步增强资本市场直接融资功能，改革完善发行上市制度，制定《股权众筹试点管理办法》。

国务院总理李克强 2018 年 1 月 3 日主持召开国务院常务会议，部署进一步优化营商环境，持续激发市场活力和社会创造力；确定加大支持基础科学研究的措施，提升原始创新能力。在此次会议中，"众筹众创"再次被提及："创新体制机制，激励企业和社会力量加大基础研究投入，探索基础研究众包众筹众创。"

2017 年 11 月，证监会主席刘士余在证监会党委举办的系统会管干部学习贯彻党的十九大精神第一期专题轮训班上也指出："把发展直接融资放在更加突出位置，充分运用资本市场机制，主动服务国家战略，坚决打好防范化解重大风险等三大攻坚战。"他特别指出："积极探索股权众筹试点。"这充分说明了股权众筹的重要意义和价值。

尽快开放股权众筹试点，遵循党的十九大和中央经济工作会议精神，符合"增加金融服务实体经济能力"和"提高直接融资比重"的新时代使命，有利于改革创新体制机制，进一步优化营商环境，是践行"深化金融体制改革"的重要举措，当然，探索股权众筹试点也必须"守住不发生系统性金融风险的底线"。

一、股权众筹的理论基础：众筹金融理论

笔者在 2015 年出版的《互联网＋金融＝众筹金融：众筹改变金融》中建立了众筹金融理论，提出了"众筹社会主义""股权众筹是我国多层次资本市场的组成部分""众筹是与股份公司同样伟大的制度发明""金融的未来是交易所，交易所的未来是众筹金融交易所""'众筹金融'更能体现出'互联网＋金融'这一新业态场外、混业的内在特征和其草根、普惠的精神，众筹金融是互联网金融的核心体现"。"'四众'的核心就是众筹"等重要论断和重要思想，并进行了系统研究。

技术创新与制度创新的交织共同推动着人类社会的进步。技术创新带来的生产力发展引发制度创新，而制度创新又进一步释放了技术创新的潜力，可以说，产业变革与人类社会的进步始于技术创新，而成于制度创新。

正是因为有了股份制，将分散的私人资本联合起来形成集中的股份资本，生产规模得以扩大，才能让蒸汽机走出实验室，广泛应用于火车、轮船、印刷机，才有了第一次工业革命，进而有了社会经济的腾飞；第二次工业革命在能源、交通运输、通信等领域的巨大进步，兴办大型企业对巨额资本集中的需求与私人资本有限性之间的矛盾更为突出，伴随市场关系、信用环境、法律制度的日益发展，以社会大生产为基础的股份制成为占统治地位的企业组织。

金融的未来发展趋势毫无疑问应当是革命性的，不断革新的技术也将不断冲击旧的金融业态，监管政策也将随之发生改变。新技术引发金融市场变革的最新实例就是互联网金融，互联网金融的核心是对移动互联网技术、云计算、大数据的技术的运用，这将导致我们的金融体系回归金融的本质，回归到资本主义金融体系诞生之前的状态，回归到现代商业银行体系和中央银行体系形成之前的状态。目前互联网金融创新蓬勃发展的态势，更像是几百年前的股份制企业，包括商业银行和证券交易所兴起时的状态，尤其是不久的未来实现万物互联的时候，信息不对称的问题得到了根本解决，而未来信息在网络上的无障碍流动也必将导致人类生产方式的改变。

依托于高速发展的移动互联网、大数据、云计算、搜索引擎、社交网络等互联网技术能在更广泛的范围内方便快捷地将资金需求者与资金提供者联系起来，但 P2P 网络借贷、股权众筹等金融模式、金融现象不是简单地在金融中加入互联网技术因素，技术的进步只是新金融业态的基础，更为重要的是，具有开放、平等、共享、去中心化、去媒介等属性的新的金融业态，能一方面改变我国广大的中小微企业在传统金融市场、资本市场得不到融资的困境；一方面改变投资门槛高、小额投资渠道匮乏的现状，使金融回归本质，实现其本应具有的资金融通、资源配置的功能。

结合互联网金融创新以及金融本质，互联网金融应更为准确地被界定为：基于移动互联网、大数据、云计算等技术，实现支付清算、资金融通、风险防范和利用等金融功能，具有快速便捷、高效低成本的优势和场外、混同、涉众等特征，并打破金融垄断，实现消费者福利的创新型金融。

进一步而言，笔者更乐意将这一新兴业态定义为众筹金融。"众筹金融"更能体现出"互联网＋金融"这一新业态场外、混业的内在特征和其草根、普惠的精神，众筹金融是互联网金融的核心体现。也正是因为此，笔者将"众筹金融"译作"We Finance"。

二、股权众筹试点的重要意义

中国资本市场痛点太多，没有很好地实现资本市场应有的融资功能。

区块链技术是最好的解决资本市场痛点的主要工具之一。之前都是在比特币的书里面写区块链，在《互联网＋金融＝众筹金融》中区块链重点研究了非比特币的场景特别是众筹，当时在贵阳直接建立一个众筹金融交易所，就把区块链和资产端场景结合起来。

很遗憾 2015 年股灾之后中国证监会在一定程度上暂缓了创新的步伐。本来是创新且是可以监管的，但是因为 2015 年股灾使可能解决资本市场痛点的区块链创新没有官方政府的渠道。但是这个痛点是客观存在的，

ICO 爆发和各种币的泛滥一定程度上是因为证监会的不作为。央行有担当有作为遏制了 ICO 及虚拟货币的乱象，但是仍旧需要疏导、疏堵结合，否则会更加泛滥，对此需要对《证券法》进行进一步修改，引导基于区块链的金融创新健康发展。

股权众筹虽有诸多优势，但在我国却正走在曲折发展的路上。正是因为股权众筹试点暂停，股权众筹实质上的缺位，导致人工智能、区块链、云计算、大数据等前沿科技初创企业缺少适合的融资渠道，普通民众也缺乏投资于这些初创企业的路径，与此同时，其他金融业态也未能发挥相应的递补作用。ICO 成为一些市场主体迫不得已的选择，替补出现的 ICO 一定程度上占据了股权众筹应有的市场。

开放股权众筹试点具有正当性与必要性。股权众筹对于中小企业，尤其是金融科技的初创企业的投融资两端都极有价值，实现这种价值亦是证监会等国家机关应有的责任。促进中小企业，尤其是初创科技企业之资本形成亦有法律、道德和经济上的正当性。

现代社会，人们在追求幸福的过程中获取更多的物质生产资料和生活资料，不断积累财富以提高自己的生活水平，在很大程度上需要金融服务的支撑，金融需求已不仅仅涉及公民个人资产的损益，更是关系到公民基本权利的实现和发展。

目前，证监会开始进一步筹划股权众筹试点，准备制定《股权众筹试点管理办法》，是监管上有里程碑意义的创新，有利于构建多层次资本市场，必须点赞。

值得注意的是，2018 年 3 月 15 日，美国众议院通过一项 Reg A+ 修改法案，将 Reg A+ 允许的众筹融资额从目前的 5000 万美元增加上限至 7500 万美元。Reg A+ 是 2012 年《JOBS 法案》创立的监管规则，也是其制定的三项证券众筹豁免项目之一。

Reg A+ 的前身 Reg A 早在多年前就已被纳入《1933 证券法》的 Section 3（b）下，其作为小型 IPO 被 SEC 豁免注册。Reg A 允许证券发行的公开宣传以及投资者为普通大众，因此属于本文划定的公募股权众筹的范畴。但由于（1）Reg A 设置的融资额度过低（12 个月内 500 万美元），与其类似于 IPO 的融资要求不成比例；（2）其发行必须遵循其所在州严格的蓝天法（State Blue Sky Laws）的特殊要求，因此多年来并没有得到美国小微企业的青睐。为了改变这种现象，《JOBS 法案》Title IV 提出了对 Reg A 的修改。然而，直到 2015 年 3 月 25 日 SEC 才正式形成 Reg A+ 的最终规则，于 2015 年 6 月 19 日起施行。

简要而言，Reg A+ 的规则建立在 Reg A 的基础上，例如，发行者可以在选择采用该模式前进行试水以了解投资者意向，在发行该类型证券之前必须获得 SEC 的事先批准。但为了解决 Ren A 融资成本与融资额不成比例的问题，新的 Reg A+ 将其项下的证券发行分为两个级别 Tier 1 与 Tier 2，将融资成本与融资额相匹配。其中，Tier 1 项下，融资额度为 12 个月内 2000 万美元（证券持有者在此期间内可出售的证券不超过 600 万美元），但对于投资人不设任何限制；而 Tier 2 项下，融资额度为 12 个月 5000 万美元（证券持有者在此期间内可出售的证券不超过 1500 万美元），但对于非合格投资者的自然人投资人，其投资额度受到一定限制。

目前，在部分股权众筹网站上，已经能看到 Reg A+ 模式的身影，其主要的操作流程如下：融资方在股权众筹网站的帮助下形成并发布对公众（包括非注册用户）公开的试水信息，包括公司的基本信息（关键人员、财务状况等）以及证券发行的基本信息等，并将试水信息的内容递交 SEC。

Reg A+ 实际上是旧版 Reg A 的一种复兴版本———种很少有人知道存

在并且从未使用过的版本。Reg A+ 是美国促进多层次资本市场的一次重要努力，自其颁布以来，在其允许下已经成功众筹数亿美元的资金。此次 Reg A+ 有望得到进一步放宽，充分说明了美国对中小企业发展及其融资需求的重视。Reg A+ 修改法案现在已经转移到参议院继续讨论。

上述法案修正案的提出对于依照 Reg A+ 规则进行 ICO 的发行方来说是利好消息，也代表了包括美国在内国际对于证券类众筹的积极立场。

借助小额豁免制度的立法可以实现股权众筹的合规，初创企业融资较高的金融风险亦可以借助股权众筹的理论逻辑达到分散。开放股权众筹试点后可以积极引入"监管沙箱"制度进一步加以引导、规制。英国金融行为监管局（Financial Conduct Authority，FCA）率先提出"监管沙箱"，拟在限定的范围内简化市场准入标准和流程，在确保金融消费者合法权益的前提下允许金融科技创新企业快速落地运营，并根据其在"监管沙箱"内的测试情况准予推广。此外，亦可引入以信息披露为核心的小额发行豁免，建立投资者资金第三方托管制度等。

在股权众筹试点具体开展上，应当坚持点面结合，分层次、分梯队、分类型的股权众筹试点，既选择蚂蚁金服、京东金融、腾讯金融、平安、苏宁、米筹等互联网巨头，也选择有特色的众筹平台如贵阳众筹金融交易所、天使汇、大家投、上海爱就投、众筹邦等以主体形式开展股权众筹试点，也在中关村、成都、重庆、长沙、武汉等有众筹金融基础和经验等地区以区域形式开展试点。股权众筹试点应体现多层次、多维度，设置不同的准入条件及与之配合的业务内容，包括设置不同融资规模上限、允许不同层次的投资者参与等。

之前部分媒体曾报道称"中国人民大学大数据与监管科技实验室主任杨东透露，……合法的股权众筹 ICO 即将来到"。此类报道为断章取义，笔者并未提出 ICO 即将合法化，而是强调股权众筹试点正在研究当中，可以借由区块链等技术发展股权众筹。

笔者认为，从结构上来说，证券性质的 ICO 在满足一定条件下具有类似于股权众筹的特点，在重启股权众筹试点的背景下，研究此前 ICO 出现的乱象，总结监管经验，对于鼓励创新和防范风险十分必要。笔者呼吁各方人士不要受部分不实报道所误导，应更加关注区块链行业健康有序发展和风险防范，打击违法犯罪行为。

对于 ICO 等金融创新要疏堵结合，下一步要进一步研究众筹和区块链如何结合，解决债权尤其股权公司创始公司股权登记、股权转让，在链上实现股权的登记、转让、交易、清算，实现基于区块链交易所的模式。痛点就是要让地方政府认可这个链上的股权视同工商局的登记，湖南省娄底市政府认可了在区块链上的股权登记和转让视同工商登记转让，包括工商、社保其他相关的数据也都是可以在区块链上进行登记，之后其他社保部门认可登记转让是有效的，可以把政府的相关登记、信息、转让有效地整合到一起，这是政府率先有所作为的重要方面。区块链方面有非常好的场景，可以巧妙地把企业的创新和政府的治理合理地加以结合。

下一步我们完全可以在金融包括其他领域更好地控制风险，特别是提升政府的治理能力，包括发行法律数字货币，从笔者个人的意见来看，法定数字货币的推出也是加强央行的控制力、政府的治理能力和监管能力的重要手段和抓手。我们也会很快出一本书，希望在雄安地区做一些创新的试点。

社会各界共同努力把区块链技术和监管、监管科技更好推广，不光应用于政府监管，也要做到企业合规，降低合规成本、提高合规效率是中国人民大学监管科技实验室的一项重要任务。重庆市政府推出了很多积极政策，贵阳马上要召开新一轮数博会，相信西部像贵阳、重庆有更多的创新，对于推动区块链发展将是非常有帮助的。

三、股权众筹试点的路径

（一）基本原则

（1）鼓励创新，坚持服务实体

股权众筹是改善投资结构、增加有效投资的重要手段。要进一步深化简政放权、放管结合、优化服务改革，创新监管方式。以支持实体经济发展、助力创业企业发展为本，引导创业投资企业和创业投资管理企业秉承价值投资理念，鼓励长期投资和价值投资，加大对实体经济支持的力度，增强可持续性，构建良好的直接融资环境。

（2）坚持高水平安全运作，守住不发生系统性风险的底线

以市场为导向，充分调动民间投资和市场主体的积极性，发挥市场规则作用，激发民间创新模式，防止同质化竞争。鼓励创业投资企业和创业投资管理企业从自身独特优势出发，强化专业化投资理念和投资策略，深化内部体制机制创新，加强对投资项目的投后管理和增值服务，不断提高创业投资行业专业化运作和管理水平。防范和化解投资估值"泡沫化"可能引发的市场风险，积极应对创新业态成长过程中对传统产业和行业可能造成的冲击，妥善处理好各种矛盾。

（3）坚持金融消费者保护

投资者收益的不确定性，来源于金融资产的风险与投资者的风险吸收能力二者之间相互作用的结果的不确定性。融资者利用信息优势，对投资者收益产生的影响，在风险端，以金融资产为作用对象；在收益端，以投资者对金融资产风险的吸收能力为作用对象。金融资产的风险是指金融

资产预期回报的不确定性或可变性。投资组合理论以资产集合和风险分配为分析对象，因而其对投资者风险的吸收能力与金融资产风险的匹配性问题，影响深远。

由于金融风险的主要问题，在投融资两端，都从较为抽象的、金融资产价格形成过程中投融资风险与收益的不确定关联，具体化为投资者风险吸收能力与金融资产风险的匹配程度，因而实现投资者风险吸收能力与金融资产风险的匹配，也成为金融法风险规制的另一主要逻辑。

（4）坚持社会责任

围绕推进创新型国家建设、支持大众创业万众创新、促进经济结构调整和产业转型升级的使命和社会责任，推动创业投资行业严格按照国家有关法律法规和相关产业政策开展投资运营活动，按照市场化、法治化原则，促进创业投资良性竞争和绿色发展，共同维护良好市场秩序。

（二）具体措施

证监会可以借鉴英国"沙盒监管"经验，在取得全国人大授权的情况下在个别地区适当突破证券法和公司法的限制，小范围适当开展股权众筹。

股权众筹试点可以包括公募与私募两个部分：互联网非公开股权融资仍应认定为私募投资基金，严格以合格投资者制度为核心进行监管；而对于公募股权众筹，则应允许（1）对证券发行的公开宣传以及（2）最终发行对象的不特定性，此时的制度设计不应以"私募"为前提，否则会导致制度设计的四不像。

可通过试点参照美国 Reg CF 的规定试行"小额公募股权众筹制度"，即首先对平台的性质进行严格的限定，要求从事小额公募股权众筹的平台，应仅承担信息共享的功能，而不得作为招募投资者、推荐融资项目、销售证券的中介，否则该等平台应获得门槛更高的证券经营机构的资质。

其次，通过事前的平台资质要求、事中的同一平台制度以及贯穿全程的平台义务与责任的制度设计，设置严格的平台监管制度。

对于平台应承担的义务与责任而言，可以沿用《私募股权众筹融资管理办法（试行）（征求意见稿）》第八条已有的设计。《私募股权众筹融资管理办法（试行）（征求意见稿）》第八条规定，股权众筹平台应当履行下列职责：

（一）勤勉尽责，督促投融资双方依法合规开展众筹融资活动、履行约定义务；

（二）对投融资双方进行实名认证，对用户信息的真实性进行必要审核；

（三）对融资项目的合法性进行必要审核；

（四）采取措施防范欺诈行为，发现欺诈行为或其他损害投资者利益的情形，及时公告并终止相关众筹活动；

（五）对募集期资金设立专户管理，证券业协会另有规定的，从其规定；

（六）对投融资双方的信息、融资记录及投资者适当性管理等信息及其他相关资料进行妥善保管，保管期限不得少于 10 年；

（七）持续开展众筹融资知识普及和风险教育活动，并与投资者签订投资风险揭示书，确保投资者充分知悉投资风险；

（八）按照证券业协会的要求报送股权众筹融资业务信息；

（九）保守商业秘密和客户隐私，非因法定原因不得泄露融资者和投资者相关信息；

（十）配合相关部门开展反洗钱工作；

（十一）证券业协会规定的其他职责。

但在"对融资项目的合法性进行必要审核"方面，可参考美国 Reg CF 的最终规则，即不对平台专门附加尽职调查的责任，否则可能会与较低的融资总额（其产生的对平台的佣金也会相对较低）构成过为严重的负担。但平台可以自愿的形式开展尽职调查。

具体而言：

（1）公开募集豁免机制

股权众筹试点工作应当与国家有关主管部门协商申请公开募集豁免机制，当单个投资者投资数额低于 10 万元人民币、总融资额低于 500 万元人民币时，融资者可以豁免《证券法》对公开发行证券的审核，采取公开方式发行证券或向不特定对象发行证券。通过股权众筹募集资金导致公司股东人数超过 200 人的，按《非上市公众公司监督管理办法》管理监督。

（2）建立股权众筹登记管理规则

借鉴美国的经验，采取中介商（经纪交易商）为交易主体的场外股权交易市场具有较强的市场活跃性，股权众筹也是以参与人为市场的主要参与主体。不同于证券交易所，股权众筹应当尽可能降低对交易企业的门槛要求。股权众筹平台适用负面清单制度，除了不符合法律法规明确规定的企业，或是交易需要特殊审批的企业，其他企业只要提交交易应当提供的材料文件，均可以在股权众筹平台进行交易，而不必要有经营年限、财务报告等指标要求。较低的准入门槛并不等同于放任鱼龙混杂的企业在市场上进行交易，企业股权众筹平台交易成功在后，应当注重企业后期的管理和监督。股权众筹平台应当制定明确、可操作的企业暂停、恢复交易和退市的规则，建立对交易企业的动态管理制度。

（3）加强区块链的应用

区块链中的每个节点如同人体细胞一样都可以将其记录的数据在网络上实时更新，每个参与更新的节点都能够复制获得一份真实、完整、准确的数据库拷贝，这就构建了没有中心存在的分布式数据库。这种分布式的数据库可以在无须第三方介入的情况下，实现人与人之间点对点式的交易和互动。同时，数据一旦被写入区块就不能被撤销，在一定时间内该区块中的信息将会被复制到网络中的所有区块，实现全网数据的同步。区块链建立在互联网的基础上，任何接入互联网的端口都可以接入区块链。

区块链技术在金融领域的潜在应用主要体现在以下三个方面：第一，点对点支付；第二，多方交易，即通过技术构建交易过程中的信任基础；第三，市场，包括任何形式点对点交易实时划转的清算交易以及金融衍生品"智能合约"实现头寸自动调节的开发等。

具体来说涉及交易所、保险、众筹、基金、股权交易等细分领域，其在金融领域的应用给传统金融带来了巨大变革和挑战。基于区块链技术方便快捷、去中心化、安全性能高、成本低廉的优势。

根据区块链的技术特征，它同时具备颠覆和优化当前法律规范的可能，典型的例子是将区块链技术运用于公司股东股权登记与证明之中。除了上市股份公司以外，《公司法》赋予非上市公司在股权（股份）登记确权形式方面的极大自由，即由公司发行股票或者置备股东名册来对股权（股份）进行最终证明，由此区块链技术也具有了在公司股权登记中发挥最终证明作用的可能。

区块链技术运用于公司股权登记中，实质上是一个将以前提供公信力的第三方去中心化的过程，公司股权的登记及其变动的公信力不再依靠第三方来提供而是依靠全体参与者来共同维护这一套登记系统。这不仅体现了民商法中自治的精神，还具有及时性、低成本、避免单点崩溃风险等优势，未来随着区块链技术的不断完善，其将不仅适用于非上市公司股权登记，还可能拓展到上市公司股权登记。

（4）优化工商、税务管理

建议积极推动工商、税务相关业务流程的简化和优化、协调消除众筹平台创新发展中面临的困难和障碍。

众筹平台普遍弱小，与其他强势各方协调对接时，存在现实的困难和障碍。如果在好人举手的前提下能够提供绿色通道，将是行业发展的大幸。

实践中，作为持股的有限合伙企业要么不予注册，要么注册和变更时手续繁杂、时间长、虚拟地址缺乏或成本较高、三证合一办理没有落地等。希望推动针对仅用于持股的有限合伙企业的数字化注册和办理绿色通道。

税务手续办理中的国地税两套手续比较繁杂、变更不能线上办理只能现场。每季度针对合伙人个人的强制申报会消耗极大的成本和精力，但基本是零申报。希望推动针对股权众筹的纯粹持股型机构的税务处理便利化规定尽早出台。

托管机构的收费较高（500万元人民币收2.5万元人民币）、手续烦琐、配合度较差。目前只有银行可以做，但步子又小又慢，过于保守谨慎，第三方支付机构还做不了资金监管业务，总体的便利性不够。

税收优惠协调。作为比新三板投资者更偏于中早期、更侧重小微企业的资金提供者，众筹项目的投资者应该获得同等甚至更好的税收待遇。建议：对于股息红利所得，如果持股期限在1个月以上至1年（含1年）的，暂减按50%计入应纳税所得额；持股期限超过1年的，暂减按25%计入应纳税所得额（上述所得优惠的计算基础是统一适用20%的税率计征个人所得税）；持股超过1年出现转让的，能够参照股票交易暂免征收所得税或者减按5%征收。

（5）内控机制与必要场地设备要求

股权众筹平台除法律法规另有规定外，应依试点地区股权众筹业务主管部门内部控制制度标准规范规定，制定内部控制制度。

股权众筹平台经营股权众筹业务场地及设备，应符合试点地区股权众筹业务主管部门制定的场地及设备标准。

股权众筹平台应设置内部审计制度，按月审计财务及业务，并制作审计报告，备供查核。

股权众筹平台应委托第三方机构代收募资款，存储于股权众筹平台或募资人所开立的专门账户内，募资期间该专户款项不得流动使用；募资目标金额未能于募资期间收足者，专门账户款项不得拨付募资人办理后续增资事宜，且募资人就已缴款的投资人均应加给专门账户所生之利息并自行负担汇款手续费后办理退款。

股权众筹平台对外负债总额不得超过其净值。

（6）股权众筹公开募集规则及信息保密责任

可以允许股权众筹平台为促进投资人投资于其平台募资业务可进行公开的广告及业务招揽活动，但不得违反法律法规，且广告及业务招揽活动之内容，不得涉及预测募资项目价值、财务或业务等信息。

广告及业务招揽活动应保存必要的记录。记录应至少保存三年。但若存在涉及该记录的诉讼，应保存至该诉讼终结为止。

股权众筹平台通过股权众筹业务掌握的当事人信息，除法律法规另有规定或当事人授权公开外，应当保密。

（7）构建股权众筹平台与投资资金隔离制度

互联网平台的风险主要在于资金流的控制权，而股权众筹平台的职能之一就是为投融资双方的交易提供中介。目前大部分股权众筹平台都会让投资者将资金先转到平台，再由平台以投资人的名义成立有限合伙企业，平台几乎掌握了项目所筹的全部资金。这种方式会使平台形成"资金池"，平台运营者一旦跑路就会产生较大的信用风险和资金安全风险。

因此，基于对平台职能的监管，制度建构的一个重要方面就是避免利益冲突、保证平台与资金的隔离，降低资金安全风险。美国《JOBS法案》第302条b款中明确禁止了经纪商或集资门户的董事、高管或合伙人在使用其服务的发行人处拥有经济权益；加拿大的金融消费者事务局（FCAA）也要求众筹平台不能对投资资金直接进行管理或出售衍生型证券。

因此，基于股权众筹现有的现状与问题，建议建立资金第三方托管制度，以防止募资期间资金在众筹平台上的沉淀乃至出现卷款跑路的现象。

（8）建立适时的股权众筹退出机制

目前，股权众筹普遍存在着"退出难"的问题，因为依据股权众筹的运营模式，其与其他投资最大的不同是通过投资获得一个公司的股份。投资者参与股权众筹项目并成为初创企业股东后，可以基于其投资份额而享有相应的权益。而当投资者在该项目的投资已经完成预期收益，或者对该项目失去信心，或者亟须流动资金的时候，就需要退出该众筹项目。

随着被投公司发展股份增值，投资人可以选择以售卖股份的方式赚取溢价从而盈利。所以，投资人如果没有特殊约定，投资人需要等到被投企业再融资或IPO才开始套现退出。因此，为投资者建立适时的退出机制十分必要。

（9）股权众筹负面清单的制度构建

负面清单主要是为各种平台设定了法律红线，要求平台具有底线思维。此次国务院办公厅出台的《互联网金融风险专项整治实施方案》（以下简称《实施方案》）以及《网络借贷平台业务活动管理暂行办法》（以下简称《暂行办法》）均明确了负面清单制度，主要目的是对互联网的创新与可能引发的金融风险二者之间进行利益平衡。其中针对股权众筹，《实施方案》规定了"股权众筹平台不得发布虚假标的",不得自筹,不得"明股实债"或变相乱集资,应强化对融资者、股权众筹平台的信息披露义务和股东权益保护要求,不得进行虚假陈述和误导性宣传。

这些禁止性规定强调了对资金进行全面监控,也强调了通过互联网对项目进行广告宣传需要遵循基本的诚实信用原则。股权众筹试点中可以考虑在《实施方案》的基础上,借鉴网贷《暂行办法》规定的立法技术,对负面清单中的具体制度要求进行细化。

（10）构建分层信息披露制度

从场外交易市场的实践来看,分层信息披露制度能够有效缓解企业的信息披露成本,起到促进资本形成的作用。股权众筹融资企业同样具有场外交易市场挂牌融资企业的差异化特点,企业之间的人员规模、收入规模差异化大。在信息披露成本同样的情况下,对于规模越小的企业而言负担越大——同样是10万元人民币的信息披露成本,对于已经发展到一定规模的企业来说自然不在话下,但对于刚刚创业的企业而言却可能是一笔巨款。

有鉴于此,美国的《JOBS法案》和《众筹条例》对于融资规模不一样的企业,采用了不同的信息披露标准。根据企业12个月内融资额的大小,企业被要求向美国证券交易委员会和投资者披露经审计或审阅的包含纳税申报表信息的财务报表:融资额低于10万美元的企业,其财务报表经企业的高管签字确认即可;融资额在10万美元到50万美元的企业,其财务报表需要经独立的公共会计师审阅;融资额超过50万美元的企业,其财务报表需要经会计师事务所审计。另外,对于首次通过股权众筹平台融资的企业,在其融资额超过50万美元但不超过100万美元的情况下,该企业也可以仅提交经审阅的财务报表而非经审计的财务报表。

不过美国的《JOBS法案》和《众筹条例》仅以融资额为分割线来划分

信息披露的标准尚不够科学和完善，融资企业的规模和成立时间亦应作为考量的标准，而且还应该区分首次发行时的信息披露和发行后的持续信息披露。结合融资规模、企业规模和企业的成立时间这三个考量因素，可以建立一个更多层次、更完善的分层信息披露制度。

四、完善股权众筹的技术驱动型监管与行业自律

股权众筹监管必须在鼓励创新的同时，守住风险的阀门，以消费者保护为核心，改变过去审慎监管的模式，更加强调行为监管和功能监管，坚持宏观与微观相结合，加强行业自律监管，加强穿透式监管，完善信息工具的风险规制作用，建立事前监管预警检测体系，突出大数据的监管。

可以借鉴英国 FCA 领先发展出的有效测试金融创新产品和服务的"监管沙箱"制度，该制度允许监管者可以通过监管沙箱来构建促进创新和市场信心的新型监管框架。预期治理允许监管机构采取多种投入，以管理新兴技术，而这种管理仍然是可能的，可预见、可参与和可集成的。另外，监管沙箱有助于参与式规则制定，即允许监管者在制定规则、预测趋势、设想替代未来和促进改进结果方面采取多层次的信息以实现动态监管。

沙箱实验可以使监管者了解新技术在测试环境中的运行，从而有助于解决"黑匣子"问题。监管者可以设置沙箱实验的激励机制以促进竞争。现金奖励可能并非最佳选择，而监管数据库的进入权限似乎更具吸引力。比如监管者可以允许监管科技创新主体利用其提供的数据测试反欺诈或操纵市场的算法模型。

反洗钱交易检测也是监管沙箱测试的理想对象，监管者可以提供合理筛选或者匿名化处理的历史数据供创新主体来竞相构建更精确的交易检测系统。

我国资本市场在市场化过程中，市场机制、市场结构正在变化，完善法制建设，推动监管转型，充分发挥行业自律的作用以适应资本市场发展的内在需要。众筹行业自律应当脚踏实地从各方面加强行业稳定，切实保护金融消费者的权益。

行业自律的推进离不开法律法规等制度规范的支持，在立法与政策文件出台上应对众筹行业自律予以高度的重视。应当强调行业自律管理，鼓励股权众筹行业在法律范围内的自主创新。众筹行业自律管理应当在此基础上发挥主观能动性，满足行业需求。同时，加强交易过程中的信息披露、规范交易的监管，适当强化自律协会的职能，提高自律管理的权威性，引导众筹市场健康运行。

杨 东

中国人民大学法学院副院长、中国科技金融 50 人论坛创始人、

《众筹金融 +》作者

遥望那片数字经济的新大陆

1916 年 9 月，国父孙中山先生到海宁盐官观看钱江大潮，回上海后写下了那句千古名言："世界潮流，浩浩荡荡，顺之则昌，逆之则亡。"

一个新时代的到来，总会有些人欢呼，有些人失落。但历史的潮流就像那奔涌的钱塘江水，不管你喜欢还是不喜欢，该来的总会要到来，该去的终将成为历史。现在，就让我们一同坐上时光穿梭机，倒回到 300 多年前的那个秋天……

那是一个秋天

那是一个秋天，风儿那么缠绵，在缠绵的秋风里，英国肯特郡的一棵苹果树熟了，像往常一样，树上的一个苹果落了下来，但与往常不同的是，这个苹果没有落在地上，而是砸在了当时世界上最聪明的脑袋上。不用我说，地球人都知道，这颗最聪明脑袋的主人叫牛顿。

牛顿最广为人知的成就，是他发现了万有引力和力学三大定律，成为经典物理学的奠基人。但鲜为人知的是，牛顿在担任英国皇家铸币厂厂长期间，推动了金本位制的诞生，从此成就了英国乃至世界金融史上的一件大事，引发了英国货币发展进程中一场意义深远的改革，甚至为日后英国在全球建立经济霸权奠定了基础。1717 年，在牛顿的倡导下，英国议会通过决议，将英国的黄金价格定为每盎司（纯度0.9）3英镑17先令10便士，这是一个划时代的定价决策。从此，黄金价值正式与英镑面值挂钩，真正意义上的货币金本位制度建立了。

10年后，牛顿去世，遗体安葬在伦敦威斯敏斯特大教堂，受世代英国人的瞻仰与膜拜。50年后，英国正式立法，对银币的使用日期进行了限制，银币最终完全退出历史舞台，金币成为公认的基本货币。又一个40年过去，1817年，利物浦当选为大不列颠联合王国首相，英国正式立法，确认货币金本位制度。学者们纷纷调侃："早在100年前的牛顿时期，我们就是一个实行金本位的国家了！"而正是在这100年的岁月里，东西方历史发生巨变。作为蓝色文明的代表——大不列颠——这个日不落帝国的铁蹄在踏遍全球各个角落的同时，也将自己的文明成果——金本位制度推行到世界各地。

所以，从这个意义上说，当初从树上掉下来的那个苹果，对人类经济金融发展史的贡献，远远大于现在那个被咬了一口的苹果。

在秋日的私语中，英镑将金本位制带到了全世界。在19世纪70年代，随着美法德等国相继建立金本位制，英镑终于一统江湖，在英镑的加持下，英国也坐上了日不落帝国的宝座。直到1914年，萨拉热窝的一声枪响，打破了欧洲大陆的沉寂，也撼动了日不落帝国的宝座，从此世界失去了和平与宁静，国际经济金融市场也进入了春秋战国时代……

心中的那片森林

位于美国新亚布罕州的布雷顿森林，看上去是那样安详、那样宁静，与硝烟弥漫、血肉横飞的第二次世界大战场相比，这里简直就是一片世外桃源。但其实这里，是争斗更为激烈的、没有硝烟的战场，1944年7月，一场决定战后世界政治经济金融格局的大战，在这里打响了。

在布雷顿森林这个战场上，日不落帝国与山姆大叔两军对垒，而双方的统帅，分别是大名鼎鼎的经济学家凯恩斯和名不见经传的美国副财长怀特。几番较量下来，沙场老将凯恩斯被后起之秀怀特一剑封喉，斩于马下，而怀特手中的"倚天屠龙剑"，则是美国强大的经济实力和占世界75%的黄金储备。至此，金属货币时代的霸主——英镑正式走下神坛，让位于新晋霸主，美元则在美国强大经济实力的支持下跃升为世界货币，以美元为中心的"布雷顿森林体系"由此建立，美国在国际政治经济舞台上的地位达到了辉煌的顶峰，世界货币体系从此也进入了信用货币时代。但"布雷顿森林体系"并不是一个完美的方案，著名国际金融专家、美国耶鲁大学教授罗伯特·特里芬提出了后来被称为"特里芬难题"的著名悖论，"特里芬两难"揭示了以"两个挂钩"为核心的布雷顿森林体系内在的、不可解决的矛盾，决定了布雷顿森林体系的不稳定性和垮台的必然性。

"特里芬两难"告诉人们，世界货币体系的稳定不能依赖任何单一国家来保障，任何一个国家的货币作为国际储备资产都不会适应国际清偿能力的客观需要，最终导致国际货币体系崩溃。20世纪六七十年代的10次美元危机及布雷顿森林体系的最终崩溃，证实了特里芬论断的正确性。

"那里湖面总是澄清，那里空气充满宁静"，美丽的布雷顿森林原本看上去是那么美好，似乎那是一片净土，是一个桃花源，但终究，那只是一个虚幻的梦。1971年，这个梦醒了！8月15日，时任美国总统尼克松宣布关闭黄金窗口，美元与黄金脱钩，美国背弃了对全世界人民的承诺，公开耍起了无赖。

抛弃了旧爱黄金这一信用支撑之后，美元要想继续维持霸主地位，就只有再傍上另一位大款，这位大款便是石油。于是，一场蓄谋已久的经济联姻由此展开，而时任国务卿的基辛格便成了举世瞩目的"媒婆"。20世纪70年代中期，基辛格博士临危受命就任美国国务卿，他以沙特阿拉伯为突破口，通过沙特说服欧佩克其他成员国，接受以美元作为国际石油交易的唯一结算货币，最终使美元与石油"挂钩"成为世界的共识。就这样，在这个星球上，2/3 的石油贸易结算都需要以美元来支付，美元成功"下嫁"给了石油，美元的地位被稳稳地固定在了石油身上。自此，美国自布雷顿森林体系瓦解之后再一次巩固了自己的货币霸主地位。

1976 年 1 月，在"布雷顿森林体系"的一片废墟之上，以浮动汇率制和黄金非货币化为主要特征的新的国际货币体系"牙买加体系"被匆匆建立起来。在此后的 30 年里，"石油美元"继续维持了美国的金融霸权，只是美元由"布雷顿森林体系"下的"绝对控股"地位下降为"牙买加体系"下的"相对控股"。

在"牙买加体系"下，国际储备多元化，汇率大幅波动，缺乏统一稳定的货币标准和汇率体系，增大了金融风险，造成了国际金融的不稳定。1973年浮动汇率普遍实行后，汇率的大幅波动就成了世界经济心中永远的痛。如果说在布雷顿森林体系下，国际金融危机是偶然的、局部的，那么在牙买加体系下，国际金融危机就成为经常的、全面的和影响深远的。

到了 2008 年，石油彻底抛弃了早已人老珠黄的美元，冲上了 147 美元的巅峰，当年在布雷顿森林埋下的这颗定时炸弹终于来了个总爆炸。

遥望那片新大陆

2008 年，全球金融风暴袭来，在世界货币霸主宝座上端坐了半个多世纪的美元，再次受到更严峻的挑战。2009 年 3 月，时任中国人民银行行长的周小川发表了题为《关于改革国际货币体系的思考》一文，打响了挑战美元霸权的第一枪。周小川强调应创造一种与主权国家脱钩并能保持币值长期稳定的国际储备货币，从而避免主权信用货币作为储备货币的内在缺陷。周小川认为建立一种超主权的国际货币体系是国际货币体系改革的理想目标，并特别强调要发挥国际货币基金组织的"特别提款权"（SDR）作用。

但不幸的是，SDR 也是美国主导下的国际货币金融体系的产物，以美国之矛，来攻美国之盾，其结果自然可想而知。那么，能够斩断美元霸权这根铁链的"屠龙宝刀"究竟在何方呢？

同样是在 2009 年，一个叫中本聪的人提出了比特币的概念，这是一种 P2P 形式的数字货币，它不依靠特定货币机构发行，而是通过大量的计算产生，并使用密码学的设计来确保货币流通各个环节的安全性，去中心化特性与算法本身可以确保无法通过大量制造比特币来人为操控币值。

比特币的横空出世，让人们仿佛在茫茫的大海上，远远地看到了数字经济的新大陆。就像当年哥伦布相信，只要地球是圆的，向西走就一定可以达到达东方的印度和中国一样，一群走在时代前列的人们也相信，数字经济一定就是未来世界的新大陆。

2016 年 12 月 31 日，贵阳市人民政府新闻办公室正式发布《贵阳区块链发展和应用》白皮书，白皮书指出区块链作为数字经济的支撑技术将帮助构建起可信安全和开放共享的数字经济，而数字经济正成为经济增长的新引擎。2018 年 4 月 9 日，杭州区块链产业园启动仪式在杭州未来科技城隆重举行，仪式上还成立了浙江雄岸区块链战略发展研究院，并正式发布雄岸全球区块链创新基金，用于投资、引进优质区块链项目。

区块链作为一种新型的技术组合，其分布式、不可篡改、不可抵赖等特点带来了一种全新的信用模式，正在引起各领域对未来应用前景的无限憧憬。不仅中国各地在抢占区块链这个数字经济时代的制高点，海外很多国家也开始在数字经济上的战略布局。

2017 年 11 月 2 日，基里巴斯共和国中央政府与 WOGC（治理和竞争力国际组织）在基里巴斯首都塔拉瓦签订了全面战略合作备忘录，基里巴斯共和国中央政府向 WOGC 颁发了全球首例由主权国家背书和全力推动的世界数字中央银行、世界数字证券交易所、世界数字彩票集团、世界数字金融集团四张金融牌照，共同开始"数字基里巴斯"的国家实践。自此，数字经济的全生态实践终于从国家层面得到了确权。基里巴斯将成为全球首个不仅承认区块链等各种新型数字经济概念的国家，还成为将数字经济的各种理念和方法应用于国家的治理和建设、应用于国家经济发展的主权国家！

而据外媒报道，拥有近 5.3 万人口的马绍尔群岛正在悄悄地策划着一个项目——推出属于自己国家的加密代币 Sovereign（简称 SOV）。这项大胆的项目由以色列金融技术公司 Neema 牵头，该家公司的首席执行官 Barak Ben-Ezer 希望在那些没有自己货币的主权国家实施自己的这一构想，而马绍尔群岛自 1982 年成立共和国以来用的货币一直都是美元。

尽管这些力量现在看起来还十分弱小，就像当年井冈山革命根据地的斗争一样，还只是微弱的星星之火，在强大的美元霸权面前，似乎是那么的脆弱、那么的不堪一击，但谁又能够否定，现在的星星之火，将来不会发展成推翻美元霸权的燎原之势呢？

数字经济时代已经远远地向我们走来了，它决不是如有些人所谓"有到来之可能"那样完全没有行动意义的、可望而不可即的一种空的东西。它是站在海岸遥望海中已经看得见桅杆尖头了的一只航船；它是立于高山之巅远看东方已见光芒四射喷薄欲出的一轮朝日；它是躁动于母腹中的快要成熟了的一个婴儿；它是一片充满希望的新大陆！

是为跋。

万里伏鹏

《共享数字新经济》一书的创作和出版，本身就是共享协同创作完成的。本书因内容横跨特许经营、众筹、电子商务、大数据、区块链金融、精准扶贫及共享经济等前沿学科和融合实践探索，除了我的同事李利珍女士和我共同执笔外，离不开以下单位课题组的共同创作，它们是商务部中国商务出版社、中国电子商务协会互联网金融专委会、区块链金融协会、北京现代金融研究中心、北京石景山现代金融商会、北京石景山投资基金协会、北京石景山特许连锁协会、北师大珠海分校特许经营学院、北京特许经营权交易所、贵阳众筹金融交易所、众筹金融研究院、世界众筹大会、世界众筹大赛、中国人民大学金融科技与互联网安全研究中心、领筹集团、众链集团、贵人集团、贵人书院、贵州消费扶贫三年行动组委会、贵阳众筹金融学院、贵阳大数据金融学院、大数据金融杂志、联合国WOGC世界数字经济委员会等单位课题小组，在此我代表本书向各课题组的研究成果和共享奉献表示最诚挚的感谢，也特别感谢王玉祥、贾康、杨东、顾学明对本书的指导，感谢杨云、庄士鹏、武源文、任芳、曲鹏、陈林、刘文勇、谢宗强、叶梓、梁莉对本书的贡献，感谢贵生态体系对本书认购共享学习的大力支持，感谢我的亲人们再一次给我开创未来的勇气。由于作者的水平有限和时间的原因，对于本书可能存在的不足及错误也望读者帮助指正，我们将虚心接受并在再版时予以更正。"积土为山，积水为海"，我们愿意继续用我们的思考和实践，邀您同行，跋山涉水，上下求索，共同构建一个共享数字新经济的新世界。谢谢！

刘文献

时任贵州省委副书记、省长，现任贵州省委书记孙志刚在 2015 年世界众筹大会上致辞。

2015 年时任贵州省委常委、贵阳市委书记，现任河北省委常委、副省长，雄安新区党工委书记、管委会主任陈刚为贵阳众筹金融交易所授牌，标志着全国首家众筹金融交易所正式登上历史舞台。

2015 年世界众筹大会华丽启幕，39 场论坛、1569 个创业项目、20000+ 众筹行业相关人士参与，贵阳由此吸引了世界目光。

2015 年 5 月 26 日，贵阳众筹金融交易所董事长刘文献与阿里巴巴集团董事长马云深度交流。

2016 年 6 月 17 日，刘文献院长在英国谢菲尔德大学与众筹中心创始人 Barry 签署世界众筹联盟协议。

刘文献院长向圣盖博市市长廖钦和赠送《众筹的解放》。

刘文献院长向费利蒙市市长 Lily Mei 赠送
《众筹的解放》。

刘文献院长与博鳌亚洲论坛原秘书长龙永图先
生就共享经济进行深入交流。

刘文献院长向联合国可持续发展目标管理国际组织安德烈主席和莫妮卡副主席赠送《众链》。

2016 年 11 月 2 日下午，中英跨境众筹产业园启动，拉开中英众筹大幕。

刘文献院长合作创办的北京师范大学珠海特许经营学院首届毕业生毕业。

2003 年刘文献院长合作创办的北京师范大学珠海特许经营学院。

2016 年 11 月 3 日，在贵阳市大数据金融风控和信用体系建设系列活动上，《众筹的解放》与读者见面。

刘文献院长向英国国会议员（巴里的代表）艾伦·白瑞赠送《众筹的解放》，双方决定共建中英大数据港。

刘文献院长在 2017 国际数博会区块链金融国际高峰论坛上，作主题演讲。

参加 2017 首届北美区块链金融高峰论坛之洛杉矶·贵阳区块链研讨会。

在全球第一个数字特别行政区成立大会上，刘文献院长与 WODG 主席 Cary Yan 在一起研讨数字特别行政区的规划。

刘文献院长向马绍尔群岛共和国前总统 Kessai Note 赠送《众链》一书并探讨数字经济发展动向。

贵州省企业联合会、贵州省企业家协会会长武鸿麟向刘文献院长颁发副会长单位牌匾。贵阳众筹金融交易所当选为贵州省企业联合会贵州省企业家协会副会长单位，刘文献院长当选为副会长。

刘文献院长在"温暖中国·央视全球华人故乡情春节大联欢 2018"晚会上致辞。

刘文献院长与洛克菲勒家族第五代掌门人、美国罗斯洛克集团董事长史蒂文·洛克菲勒二世（中）共同出席
"温暖中国·央视全球华人故乡情春节大联欢 2018"晚会。

2018 年全国 3000 家天朝上品专卖店项目启动仪式。

美国前总统尼克松外孙克里斯托弗·尼克松·考克斯（Chris Nixon Cox）对来自中国酒都的天朝上品白酒大为赞赏。他用羡慕的目光看着刘文献院长，希望天朝上品尽早进入美国市场。

贵阳众筹金融交易所的创新吸引了世界目光，刘文献院长向莅临参观访问的中国工程院院士杨善林等介绍交易所情况。

2016 年 9 月 5 日，阳光七星媒体集团吴征、杨澜一行莅临贵阳众筹金融交易所。

2018 年 4 月 21 日，"贵州消费扶贫三年行动"启动大会暨农产品现场采购会议在贵阳举行。"贵州消费扶贫三年行动"将计划用 3 年时间，使用采购单位 1 亿元人民币消费扶贫专项资金，对口帮扶贵州 14 个深度贫困县，以进行消费扶贫。

贵州消费扶贫三年行动组委会深入岩博人民小酒酒厂和党的十九大代表余留芬书记共同探讨精准消费扶贫、共享发展未来。

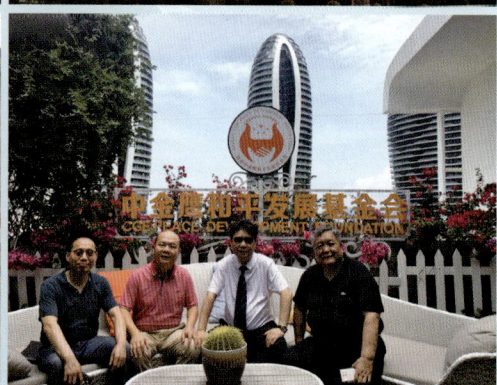

海南三亚凤凰岛国际游轮母港、海南自由贸易港的大开发大建设和凤凰岛数字自由贸易的构想,带来了具大创新想象空间。